NFT 革命

[韩]成素罗
[美]罗尔夫·霍弗 著
[美]斯科特·麦克劳克林

简宁馨 译

序　言
欢迎来到 NFT 的世界

从 2021 年初开始，就有很多新闻在各种媒体上闹得沸沸扬扬。比特币和元宇宙等一同成为"不可替代的"新闻。

Twitter[①] 联合创始人杰克·多尔西（Jack Dorsey）在 2006 年撰写的第一条推文以 NFT 形式拍卖出约 290 万美元的价格。

——2021 年 3 月 22 日

以艺名 Beeple 活动的数字艺术家迈克·温克尔曼（Mike Winkelmann）的拼贴画《每一天：前 5000 天》（*Everydays: The First 5000 Days*）在世界闻名的佳士得拍卖行以 6930 万美元的高价成交。Beeple 也因此次交易成为现世艺术家中继杰夫·昆斯（Jeff Koons）和大卫·霍克尼（David Hockney）之后作品价格第三高的艺术家。

——2021 年 3 月 11 日

"加密朋克 #7523"在与佳士得并称全球两大拍卖行的

[①] 美国社交网络公司。——编者注

NFT 革命

苏富比拍卖行以 1180 万美元的价格成交。被誉为 NFT 开端的加密朋克是一种叫作"朋克"的 24×24 像素的头像合集。那天被拍卖的第 7523 号朋克是 9 个"外星朋克"中唯一戴着口罩的,所以其稀缺性得到了认可。

——2021 年 6 月 10 日

"哇,这个世界到底发生了什么? NFT 又是什么?"

当你看到提及"亿"这个字眼的 NFT 相关新闻时,是否有过这样的想法?相信正在读这个序言的你,大概也是想要找到对过去一段时间坊间流传的关于 NFT 的各种传闻与奇谈更加准确的解释吧。

"为什么会有人花几亿韩元买网上可以随意点赞和复制、粘贴的数字图像文件啊?"

有可能是在哪里都得不到关于这个问题的清晰答案,你感到很郁闷才翻开了这本书。如果你是艺术家,可能是因为好奇 NFT 给代币经济时代带来的变化。如果你是收藏家或投资者,可能是为了评估 NFT 的投资价值。

在正文开始之前,先简洁明了地解释一下,NFT 是 "Non-Fungible Token" 的缩写,翻译过来就是"不可替代代币"或"非同质化代币"。与比特币、以太币等拥有相同价值和功能的可替代加密货币不同,NFT 因其各自固有的价值而拥有了稀缺性,即代币与代币之间不能互相替代。

举个例子,你穿着耐克 T 恤去看防弹少年团[①]的演唱会,很幸

[①] 韩国男子演唱组合。——编者注

运地在走廊遇见了防弹少年团的成员并让他在你穿的T恤上签了名。那么这件T恤就成为无法与耐克生产的同类商品进行交换的不可替代的T恤，就是这个道理。NFT是将特定资产的加密所有权及交易明细记录并储存在区块链中的令牌。因此，不分时间和场合，其所有权对任何人都是透明的，交易明细也可以追踪及证明。利用这种特性，承载艺术品、游戏道具、不动产等特定资产的价值的NFT就诞生了。

众所周知，NFT是最近才出现在我们的日常对话中的。约在2020年末，"高额"的NFT交易开始出现，各方媒体也才开始提到NFT。在此之前，NFT只是存在于少数限定群体中的夹缝市场。

当然，要说NFT的起源，还得再往前看一点。加密货币的价值猛涨的2017年，作为NFT藏品登场的"加密猫"，可以称作遵循ERC-721代币标准[1]的NFT市场以太坊的开端。这可爱的猫咪引起了火爆的投机热潮，曾占据了以太坊全体交易约20%的份额。不过，这份关注并没有持续下去，主要原因是以太坊网络过载引起的交易手续费激增，以及2018年加密货币价值的暴跌。

几年之后的2021年，NFT市场迎来了全盛期。NFT艺术在2020年6月1日之前，一年内作品交易总金额约为200万美元。但之后的一年里，交易总金额超过5亿美元，翻了250倍。这显示出NFT不再仅仅是一个夹缝市场。那么，到底发生了什么？

2020年12月，Beeple的NFT作品卖出了350万美元的数字绘画历史最高价，以此为起点，许多人开始关注NFT。此后的几个月里，NFT市场爆发式成长起来。还记得那个有着夹心饼干形状的身体，飞过的地方会留下彩虹痕迹的数字猫咪角色"彩虹

---

[1] NFT中最常见的以太坊协议，每个对象都对应唯一的数字身份通证。——编者注

3

猫"吗？它是十年前在 Youtube[①] 上公开后，获得了数亿播放量的高人气角色。这个角色在 2021 年 2 月诞生十周年之际以 NFT 形式重现，并卖出了 58 万美元的价格。再来看一下体育领域。2021年 2 月，NBA（美国职业篮球联赛）重量级球星勒布朗·詹姆斯（LeBron James）的扣篮视频在 NBA 官方卡牌交易平台 NBA Top Shot 以约 20 万美元成交，震惊全世界。在音乐市场，艺名为"3LAU"的知名 DJ 贾斯汀·布劳（Justin Blau）在 2021 年 2 月将 NFT 音乐进行拍卖，赚了约 1168 万美元，还创下当时单日 NFT 交易最高价 360 万美元的纪录。不过仅在几周之后，Beeple 的《每一天：前 5000 天》就卖出了 6930 万美元，刷新了最高价纪录。值得关注的是，Beeple 的交易是在世界最大的艺术品拍卖行之一佳士得进行的，更加具有纪念意义。这意味着 NFT 现在已经成为保守体制也无法忽视的市场。

NFT 像是不能够错过却又无从下手的快车，我们应该怎么办呢？或者说，我们应该有所行动吗？

"我好像患上了 NFT 错失恐惧症，但是一想到几年前的比特币噩梦，一听到'加密'这个词就有点……"

大家或许还记得几年前席卷全韩国的加密货币的热潮与没落。2017 年初价格约为 900 美元的比特币，同年 12 月暴涨到 2 万美元。作为比特币的替代品而备受关注的以太币的价格也随之激增，吸引了无数投资者拥入韩国加密货币交易所，其热潮在首尔的各

[①] 美国视频网站。——编者注

个地方都能真实地感受到。在咖啡厅、餐厅、学校及办公楼等各种公共场所，从年轻的学生到上了年纪的老人，都能通过比特币和以太币及类似的各种竞争币统一话题。随着加密货币价格暴涨，买卖收益激增，韩国交易所里比特币的价格也出现了比其他国家高出50%的现象，形成了"泡菜溢价"。

这样过度狂热的现象虽然有些突然，但也并非不可预见。生活在艰难时代的年轻人们，用少量资金就能投资加密货币，运气好的话，短时间内即可获得高额收益，所以很容易将此当作逃避现实的唯一手段。2017年末，对941名职场人士的问卷调查显示，超过30%的受访者表示有意投资比特币及其他类似加密货币。

2018年，为了平息投机热潮，维持市场稳定性，政府出台了强硬的限制政策，消除了"泡菜溢价"，投资者们对加密货币的关注也日渐平息。不仅是韩国，海外各国政府与大型投资机构大体上也对加密货币持负面或观望的态度，这也为平息加密化热潮起到了带头作用。国内外各种加密货币交易所的利空消息也发挥了一臂之力。与2017年12月的史上最高价2万美元相比，2018年末，全球比特币市场价格仅为3000美元，跌幅超过80%。以太币也从2018年初的最高价1148美元大幅下降90%以上，跌至100美元。社会整体对没有实物也没有实际用途的不稳定的数字资产产生了必然终结的负面印象。大多数普通投资者遭受金钱损失而退出市场，加密货币的第一轮热潮就此落幕。

"世界在改变，这次不想再错过机会了！"

时间到了2021年，加密货币再次让世界蠢蠢欲动。韩国交易所的"泡菜溢价"也与在全球重新登场的加密热潮一同重现。比特币的价格在4月超过了6万美元，激增到2017年暴涨期间最高价的3倍以上。以太币的价格也在5月达到4400美元，创历史新高。特别是在NFT掀起全球热潮之后，目前使用最多的NFT发行平台以太坊与以太币的价格也随之飙升。

虽然目前以太币的市价总额还没有达到比特币的水平，但其交易量已经远超比特币了。看着如今重新"火"起来的加密货币市场，很多人应该会有这样的想法：

"啊，如果时间能够倒流！"

要是能回到2011年，囤一堆不过才几美元的比特币再回到现在该有多好！不，除了钱之外，要是能在区块链这种新技术萌芽时，从一开始就站在这一改变世界的巨大变革的中心该有多好啊。不是在边缘地带，而是在变革的中心感受这份刺激。

或许，我们不是患了错失恐惧症，而是患上了再次错失恐惧症——不是害怕错过某个机会，而是害怕"再次"错过新的机会。正是因为世界上有很多人都有这种症状，年初的"Beeple"才会成为契机，使人们对NFT的关注又全球性爆发，并一直持续到现在的吧？

不仅是在海外，韩国也有众多艺术家、收藏家及投资者们拥入NFT市场，增加了其热度。在2021年3月份举办的韩国第一次NFT美术品拍卖中，Mari Kim的作品《失物招领》（*Missing and Found*）卖出288以太币（约6亿韩元），成为热点话题。另一位艺术家YOYOJIN在2021年4月份举办的个人展会"声音，绘画"，在韩国首次线下展出部分NFT作品并进行拍卖，吸引了无数目光。

随着时间的流逝，之前把重点放在数字艺术的韩国NFT热潮，也逐渐扩张到了其他产业。尤其是拥有狂热"饭圈"的韩流与引领数字所有权的 NFT 的结合，会产生怎样的协同效应，让人十分期待。比如，2021 年 4 月份，偶像组合 A.C.E 推出韩流第一个 NFT 小卡，得到了粉丝们的热烈反应。与之类似，围棋 9 段李世石在 5 月份将之于 2016 年战胜人工智能 AlphaGo 的历史性对弈以 NFT 发行，让粉丝们十分开心。最近，Kakao Talk[①] 子公司 Ground X 以自主研发的区块链平台 Klaytn 为基础，推出了任何人都可以轻易发行 NFT 的 Krafterspace 服务。

2021 年下半年，NFT 逐渐从各个领域进入我们的日常生活中。不过，2021 年 5 月初，全球 NFT 市场总交易额达到当时最高值后又呈现了下降趋势，这是一个让人担忧 NFT 市场的泡沫会不会马上就要破碎的时期。但也有人积极地认为，长期来看，这单纯是市场的调整。然后，时间来到 2021 年 8 月中旬，全球 NFT 交易额再次呈现快速上升趋势，达到了前所未有的峰值。可以肯定的是，引领市场发展的引擎不只是 NFT 美术，还包括了 NFT 藏品、游戏、元宇宙内不动产交易等。

再次错失恐惧症！照目前的趋势，NFT 不再是受到短暂关注就消失的时兴产物，或只是部分加密货币投资者的投机对象，而可能成为改变我们所有人的生活的"下一个大事件"。正如我们现在很难想象没有网络的生活一样，可能几年后，我们也很难想象没有 NFT 的生活。很多人都说，NFT 尤其吸引人的原因是难以对它的未来进行准确预测。正在读这篇序言的你是怎么想的呢？

---

① 韩国热门社交软件。——编者注

欢迎来到向各种产业进军的 NFT 的世界

这本书以目前 NFT 市场中发生的各种事件为基础，希望对 NFT 进行更深入的探索。这本书将展示 NFT 市场的多种面貌，探讨这股热潮会对我们产生什么影响，为什么 NFT 会在 2021 年出现在我们面前，以及探索它的机会与可能性。当然也少不了对 NFT 市场的脆弱点和风险的分析。作为初期市场，NFT 有很多制度上不完备的部分，从市场变动来看，也存在这"会不会是像 2017 年首次代币发行一样立刻就破碎的投机性泡沫"的批判性视角。

我们几个作者一致确信，会有比 2021 年初让全球都陷入 NFT 热潮的《每一天：前 5000 天》更厉害、更令人兴奋的"每一天"和 NFT 一起向我们走来。更重要的是，让我们如此兴奋的 NFT 并不是未来的终点站。我们梦想着一个通过 NFT 而实现的更加具体、范围更广的"代币经济"。所以我们期待着和你一起展望那个未来，一起出发去探索 NFT。

想象一下，连艺术家自身都很难认识到的创作火花，被代币化并永远储存于网络上无数人的记忆中。音乐家在舞台上和观众们分享的特别"瞬间"，也通过代币这一媒介，传播到世界的各个角落。还有那未经雕琢、转瞬即逝的美丽被真正爱惜它的匿名人士所"拥有"，成为一份礼物。世界可以通过包含所有权价值的代币超越时间与空间，形成文化共同体，实现自由发展，不觉得光是想想就很高兴吗？

曾经很陌生的 NFT 一词不知不觉就变得熟悉起来。虽然 NFT 是在证明数字"原件"、赋予"稀缺性"价值的特性基础上，以重视作品唯一性的艺术市场为中心急速发展，但目前，其影响力已经超越艺术领域，向着可以交易所有权的各种领域扩张。在此过程中，许多我们认为理所当然的生活，以及认为是常识的世界上的各种知识都在改变。随着个人的价值观及生活方式的变化，各种产业及组织环境也在同时变化。因此，除了 NFT 艺术或区块链技术等表面上的新现象之外，这些现象可能带来的宏观改变也需要我们去思考。我们现在只看到了 NFT 带来的无数可能性中的一部分，还有更多的机遇在等待着我们。

让我们一起将再次错失恐惧症当作垫脚石，去触摸 NFT 拥有的无限可能性吧。

目 录

第一部分 NFT 时代来临

第一章 NFT 是什么？ /002
NFT 的定义 /003
NFT 的双重概念 /006

第二章 NFT 和数字所有权 /008
稀缺性与丰度 /010
数字所有权的巨大变革带来艺术创作的技术革新 /011
所有权与著作权 /013

第三章 NFT 与区块链 /014
NFT 与智能合约 /015
被储存在哪里了？ /016

第四章　NFT 与创作者经济时代的开幕 /017

　　给予创作者力量！ /019

第五章　NFT 的发展史 /021

　　2012—2013：NFT 的胎动，彩色币 /022

　　2014—2016：Counterparty，悲伤蛙，货币化的图像 /023

　　2017：终于为世人所知 /025

　　2018—2019：急速发展时期 /028

　　2020 年至今：处在话题中心的 NFT /029

第六章　为什么现在是 NFT 时代？ /033

　　财富效应 /033

　　独特的故事 /035

　　非面对面环境 /036

　　顾虑与期待中的 NFT 的未来 /037

　　NFT 的特征整理 /041

　　专栏　直到不可替代代币变得不可替代的那天 /043

第二部分
形成 NFT 新经济的各种产业

第一章　美术 /048
　　跃升为新艺术类型的加密艺术 /049
　　NFT 与艺术的结合 /050
　　美术作品与观众见面的新形式 /051

第二章　音乐 /053
　　艺术家们得到合理的报酬了吗？ /053
　　3LAU 创新性的尝试 /055
　　打破音乐人与粉丝的界限 /055

第三章　藏品 /058
　　主导市场的 NFT 藏品 /058
　　体育领域的人气藏品 /059

第四章　游戏道具 /063
　　免费游玩游戏模式 /064
　　边玩边赚游戏模式 /066

第五章　数字不动产 /069
　　具有代表性的 NFT 数字不动产软件 Decentraland /069
　　经济崩塌的元宇宙世界与现实世界 /071

韩国的情况如何？/073

专 栏 元宇宙中 NFT 的文化融合现象 /076

第三部分
关于 NFT 制作的一切

第一章　NFT 市场份额比较 /080
用户制作的 NFT 市场份额 /081

非用户制作的 NFT 市场份额 /082

元宇宙 NFT 市场 /084

第二章　亲自铸造 NFT /085

第三章　NFT 制作成功案例 /096
实力派平面设计师 /096

Pak：NFT × 动漫艺术品 /100

3LAU：NFT × 音乐 /104

加密朋克与 Meebits：NFT × 收藏品 /107

加密猫与 Axie Infinity：NFT × 游戏 × 藏品 /111

Art Blocks，EulerBeats，Alethea AI：NFT × 算法艺术 /118

Hashmasks：NFT × 社群 × 收藏家 /121

第四部分
通过名人采访评价 NFT 的价值

第一章 评价 NFT 价值的关键词：思维方式
故事性，稀缺性 /128
三个关键词 /129
收藏家的估值框架 /130

第二章 独家访谈系列 1：NFT 创作者们 /131
采访：Hackatao/132
采访：卡洛斯·马西亚尔 /142
采访：不详先生 /154
采访：夏允 /161

第三章 独家访谈系列 2：NFT 收藏家们 /169
采访：illestrater/170
采访：文永勋 /178
采访：Coldie/184

第五部分
NFT 市场的现状与未来

第一章　NFT 带来的市场机遇 /198
实际主体拥有控制权 /200
创作者的权限将得到提升 /201
可进行去中心化交易 /203

第二章　NFT 的薄弱点及市场风险 /208
伴随着 NFT 市场的风险：环境问题与法律争议 /210

专　栏　NFT 相关法律争议的问答 /214

第三章　代币以及社群代币 /221
社群代币 /222

第四章　代币经济时代 /225
DAO /225
向着代币经济航行 /228

PART 1

第一部分
NFT 时代来临

第一章　NFT 是什么？
••••

如果要评选 2021 年最具代表性的关键词，那么大概就是近来最热门的 NFT 了。随着数字艺术家 Beeple 的 NFT 作品《每一天：前 5000 天》3 月份在佳士得拍卖行以 6930 万美元的高价成交，全世界都掀起了 NFT 飓风。"Beeple"一词也在短时间内成为 NFT 的代名词。在不久的将来，可能还会出现"Beeple 化"的说法。正如由优步（Uber）衍生出的"优步化"被用来指代随叫经济的普及，可能有一天也会用"Beeple 化"来指代借助 NFT 进行交易的代币经济的普及。

除了 Beeple，也有很多名人将 NFT 作品卖出高价，成为热点话题。曾经被认为是早期使用者的兴趣爱好而存在于加密空间的夹缝市场中的 NFT，竟在短时间内变成了全球性的现象，这一事实让人十分震惊。虽然后面会有详细的说明，不过 NFT 不仅限于美术品，而是具有将各种有形或无形资产"代币"化、提高其收藏价值及交易便利性的特性，将与多种产业一同寻找最优的应用交叉点。举个音乐产业的例子，美国著名歌手林赛·罗韩（Lindsay

Lohan）2021年初的单曲《摇篮曲》（"Lullaby"）以NFT形式发行，高人气摇滚乐队莱昂国王（Kings of Leon）将能一辈子在前排观看自己演唱会的权限以NFT进行拍卖，也引发热议。很多音乐家就像这样利用NFT创造新的收益来源，尝试与观众们更加直接地进行沟通。

这种趋势的中心也有积极引入NFT技术进行试验性尝试的耐克、古驰（Gucci）、eBay[①]等世界型大企业。此外，美国著名企业家兼职业篮球队达拉斯独行侠队老板马克·库班（Mark Cuban），以数字营销与社交媒体的开创者闻名的网红加里·维纳查克（Gary Vaynerchuk），这样具有影响力的个人投资者也对NFT展现出极大的兴趣，对NFT热潮起到了一定助推作用。

当然，不是所有人都认为NFT现象是正面的。对于NFT的根本问题，即"可以无限复制的数字文件为什么要花钱买呢"仍被反复提到。经常作为NFT的关联搜索词出现的环境问题也是不可轻易忽视的。回想2017年那场席卷全世界的首次代币发行的噩梦，也有人担忧和批评NFT也不过是短时间流行。

NFT的定义

NFT到底是什么，能得到如此多的关注？一提到区块链，以前人们会最先想到比特币这样的加密货币，现在谈论的却是NFT。曾经很陌生的"不可替代"与"代币"这样的词汇组合，也被很多人津津乐道（即使不知道准确的意思）。那么NFT到底是什

---

① 美国线上拍卖及购物网站。——编者注

么呢？

首先是你可能经常听到周围人说的 NFT 的定义。

定义 1：NFT 是对特定资产的固有所有权

这是非常简洁的定义，也提到了尤其重要的"所有权"。虽然这一定义包含了 NFT 带来的数字资产所有权的巨大创新亮点，但没有对"T"所代表的"代币"进行解释，就不能完全理解 NFT 的原理，所以是不够充分的。（后文会详细解释 NFT 与所有权。）

再看看其他的定义吧。

定义 2：NFT 是从根本上改变我们拥有和交易的生活模式，为各种产业带来巨大变化的加密化代币。

这一定义经常出现在 NFT 相关公司的营销文案中，是让人对未来有所期待，心情会很愉悦的文字，但并没有准确解释代币给我们的生活带来了怎样的本质上的变化。这是因为如果对方不理解"可替代"与"不可替代"的重要概念，就没办法完美地解释 NFT。（当然，如果某人问你关于 NFT 的问题，你这样回答的话，提问者很可能会把你认定为有一定水平的专家。若你确信对方不会再深挖，推荐你暂时将定义 1 与定义 2 混合起来回答。）

首先整理一下两个关键词——不可替代性与代币吧。

不可替代性是指拥有某种固有属性，不能够被替代。画、汽车、房子、土地都符合这一条件。举个例子，如果你的朋友借了你的车，你肯定是想要他归还"你的那辆车"。这是因为每辆车都有自己的固有属性。相反，可替代性就是指无法从本质上区分其个体特性，也就是说，每一单位的特定资产间可以进行互换。举个例子，名义货币间可以进行互换。一张 1 万元的支票一般与其他的1万元支票没什么不同，可以在没有任何价值损失的情况下任意交换。在作为交换媒介的资产中，可替代性是必不可少的因素。

代币是储存于区块链上的数字文件，呈现为特定资产。将相应资产的所有权利用区块链技术制造成可以进行交易的代币，被称为"铸造"，这个过程对资产的形态没有限制。例如，只存在于数字世界的资产（数字美术品、数字唱片、线上活动门票等），实际存在的资产（展示在画廊里的艺术品、黄金、建筑物等），概念性资产（投票权、关注或流量、口碑等），全都能够转换为区块链上的代币。如果你给你养的乌龟拍了一张照片，以图片格式的文件保存在笔记本电脑中，并将这张图像文件上传到区块链上，你就将有形资产"乌龟"代币化（或者说"铸造"）了。这时乌龟图像文件就有了区块链的"代币标识符"，就与装有相应文件信息的"元数据"相关联了。

最终定义：NFT是特定资产在区块链上的数字文件，拥有各自的固有属性，是不能互相替换的代币。

因区块链技术的特性是一旦被生产出来就不能删除或伪造，所以也被活用于对相应资产的一种原件认证和所有权证明。特别是NFT赋予可以无限复制粘贴的数字领域的众多资产（例：数字艺术）"稀缺性"的价值，这是一个重大创新。

NFT是通过以太坊或Arweave[①]这样以开放型分布式账本技术为基础的平台产生的，所以优点是任何人都可以很容易地对资产

---

① 一种数据存储区块链协议，可创建永久性数据存储。——编者注

的数字内容进行原件认证及所有权证明。创作者通过NFT交易平台将资产制造为NFT（称为"发行"），若成功交易，拥有相应NFT所有权的购买者可以在市场上将所有权二次出售。NFT的原作者在相应代币被再次出售时，可以获得该资产交易额约定好的一部分作为版权费。

NFT的双重概念

这里有几点要说明一下，首先，你应该听过很多次"NFT是代币化的数字资产"这种说法。当然，这句话并没有错，NFT确实是可以在数字世界进行交易的一种资产。但是根据不同的理解，可能会产生只有数字资产才能成为NFT的误会，所以这一点要小心。正如前文所说，拥有价值的所有有形和无形资产都可以代币化。

其次，说起NFT，就会想起JPEG这样的图像文件，即很多情况下只能想到数字内容，这是不正确的。因为NFT是一个更加广阔的概念，不仅包含相应资产对应的数字内容，还包括对该内容的所有权。这样原则性的概念与定义，和NFT的技术构造也有关联。NFT是由媒体文件[①]、包含文件固有属性的代币标识符和对文件属性进行解释的元数据组成的。文件的属性包含作品名称、作品详细内容、合同条件、媒体链接等内容。因此在讨论NFT时，只想到表面的媒体文件，或只重视所有权都是不行的。如此强调

[①] 像以太坊一样，向区块链上传大量数据时收取的手续费，即"矿工费"很高，因此很多时候NFT代币本身被储存在区块链上，相关联的媒体文件（数字内容）与元数据都储存在链下。链下储存场所有中央化服务器或者亚马逊云服务这样的云端储存，还有点到点文件储存系统，如星际文件系统等。——作者注

NFT的双重概念的原因是，目前在实质层面对NFT"概念性"的定义还没有完美形成。笔者认为，想要NFT生态能够长期具有活性并成熟起来，需要大众对NFT的准确理解作为后盾。因此，笔者相信当该技术被更深入、更多样化地使用时，全世界的人都能享受到NFT给我们带来的最棒的创新。

第二章　NFT 和数字所有权
● ● ● ●

2021 年 3 月，拥有百年历史的美国《时代周刊》(*Time*) 在 NFT 交易平台之一 SuperRare[①] 进行拍卖的 4 件 NFT 总共卖出了 276 以太币（约 44.6 万美元）。1966 年 4 月 8 日版的封面"上帝已死？"与由此获得灵感而制作的 2017 年的"真相已死？"和最近的"法定货币已死？"被各自发行成为 NFT，并分别卖出了 70 以太币、88 以太币及 83 以太币。第四件 NFT 是将这三张封面捆绑销售，也卖出了 35 以太币。

《时代周刊》总裁基思·A 格罗斯曼（Keith A. Grossman）在媒体对其的采访中提到，《时代周刊》早在很久之前就通过封面商店将主要的封面印刷出来售卖，因此转换为 NFT 也是非常自然的延展事业。

真心认可 NFT 的人们将 NFT 说成是"所有权的未来"。这是源于对无论什么形态，只要能进行数字转换，就能将全世界所有的

[①] 区块链技术支持的艺术创作者与收藏者社交网络平台。——编者注

资产代币化进行交易的期盼。但另一方面，将任何人都可以免费接触的数字内容标上价格，花高额进行买卖，很多人对这一点持冷嘲热讽的态度。所以，在讨论NFT的价值时，不能漏掉"数字所有权"这一概念。下面举个例子来说明一下。

平时对数字美术作品很感兴趣的我，有一天突然燃烧起了创作之魂。我使用各种数字工具，画了在星夜下吃着炸鸡、喝着啤酒的幸福的小熊家族的样子。我将这幅画用图像格式储存在我的个人笔记本电脑中，并分享到了一个十人聊天群里。我善良的朋友们将这张图像文件下载到各自的手机及笔记本电脑中储存起来，还设置为了朋友圈背景（真是让人泪流满面的友情啊）。那么现在这世界上就存在不止一张我的小熊家族的图像文件了。虽然都是复制版本，但越过我这个原作者，很多人利用不同的设备都能欣赏到这幅作品。万一这张图像文件通过我朋友的朋友和熟人们传播开了，那么此刻，我完全不认识的某人可能也正在欣赏我的作品。好，想象就到此为止！

现在来提个问题。在这种情况下，谁真正拥有"所有权"呢？是我这个原作者吗？还是我的朋友们？或者是正在欣赏这幅作品，或以后可能会欣赏这幅作品的所有人呢？

对有实物存在的艺术作品分辨原件和复印件虽然也不容易，但还是有可能的。然而，这在数字领域却做不到。如果无法区分储存在我的笔记本电脑里的原版文件与分散在世界上的复制版本，那么我就没有办法证明自己对原件的"所有权"。此外，数字文件实际上不用花一分钱就能在不损害品质的情况下无限复制，从生产成本来看，完全不具备"稀缺性"。如果任何人都可以很容易地

（甚至是免费！）拥有可以与原件相互替换的复制文件，那么拥有原件的意义和价值就消失了。

没有监管，难以判断物品的真伪，难以追踪销售与流通途径，无法保障创作者的收益流向，这些都是一直以来围绕着数字所有权的问题，也是需要解决的课题。因此，作为"所有权证书"的NFT的登场，是具有革命性、能够鼓舞人心的事。这是网络历史上第一次将证明"数字原件"变成可能，因此也让数字文件拥有了"稀缺性"。当然，铸造成NFT的原件也可以无限"复制、粘贴"和共享，但是只要这个文件以NFT形式存在，就能够通过区块链证明原件的所有人在世界上只有那一个。

稀缺性与丰度

"证明了所有权又有什么用？复制版本还是在网上到处流传……"

如果此刻你的脑海里有这样的想法划过，那么告诉你一个很有趣的事实：很讽刺的是，复制版本被共享得越多，记录在NFT的原件的价值就越高。正如我在Twitter上发出的推文收到的"点赞"和四面八方的转发越多，那条推文的价值（还有写推文的我的价值）都会变得越高。只要能用NFT证明原件和所有权，作品的"稀缺性"与"丰度"间的关系并不需要有排他性。我举个例子来说明一下这是什么意思。

你去参观纽约现代艺术博物馆（MOMA），看到了凡·高的著名画作《星空》，被深深感动。回国之后，那份余韵仍未消散，你打印了几十张《星空》挂在家里的各个角落，也分发给了朋友们。理所当然的事实是，你在家里各个地方挂的《星空》的复制版本，不管与原件有多么相似，你（还有从你这里收到复制版本的朋友们）都不拥有凡·高作品的所有权。因为真品只存在于纽约。

那么这里就有个问题了。作品的复制版本被数不清的人分发到世界各地，这对纽约现代艺术博物馆来说是喜闻乐见呢，还是并不愿看到的事？

根据不同的前提条件和对这一问题的不同理解，会得出不同的答案。只针对作品的价值而言，这种情况肯定是有正面影响的。越多人间接欣赏到《星空》并喜欢上这个作品，围绕其的文化意识及作品的重要性就会越强，原件的稀缺性也会增加。稀缺性增加，所有权的价值也会上升。也就是说，NFT化的数字作品在网络上被复制和分享得越多（因此越多的人能看到或听说那个作品），原作的稀缺性就越会增加，所以当原作者把那个NFT拿到市场上出售，或者购买者将此NFT拿到市场上二次出售时，就能用更高的价格卖出了。不觉得很有趣吗？正是NFT的技术让证明"数字原件"变得可能，因此"数字所有权"的交易才能更加顺畅。

数字所有权的巨大变革带来艺术创作的技术革新

因NFT技术的登场，数字所有权的概念及原理有了很大变化，更多的人能用新的方式获取其作品的报酬。此外，越过职业中介，通过NFT直接与大众及顾客们见面，也让创作者能够进行更加自由、更具实验性的创作。应该说，是数字所有权的巨大变革给艺术创作带来了技术革新。随后，不仅是数字美术品，NFT收藏品、体育、游戏等商业性数字文化市场整体也更加有活力了。

尤其是最近备受关注的元宇宙[①]与NFT的结合，其作为NFT市场的未来动力，让人十分期待。这是因为NFT是能在元宇宙里证明用户私有财产的最佳工具。

想象一下吧，在元宇宙里建立的你的专属画廊里，以NFT形式展示着多年前你独自去意大利旅行时碰到的面包店店主的美术品。无数不知名的虚拟人物聚集在一起，一同欣赏你珍藏的回忆。如果其中一位从你手里购买了这幅NFT作品，该作品的原作者面包店店主也会获得版权费这样令人愉悦的礼物。你在画廊里走了好一会儿，突然，陌生的旋律伴随着月光流淌着。传说般的意大利乐队的音乐被分成不同的乐器演奏出的声音后代币化，根据购买者不同的选择，每一瞬间都完美地组合成新的旋律与节奏而重新诞生[②]。这样超越时空，并非刻意的共同创作的瞬间，不觉得很珍贵吗？NFT有效地模糊了线上与线下的界限，让所有人都可以成为创作者或是观众。对NFT无穷无尽的潜力，我们现在才开始有初步了解。

说起数字资产，人们就会最先想起数字美术或数字音乐这样的艺术作品。但仔细想想，其实数字资产已经深深渗透进我们的生活里了。储存在我的笔记本电脑里的无数照片、文字、电子演出门票、个人网页域名及Twitter用户名等，这所有的一切都是存

[①] 元宇宙（metaverse）是由表示超越的meta和表示宇宙的universe组成的合成词，是通用于现实世界中的政治、经济、社会及文化等全方面活动的数字假想空间。——作者注

[②] 将特定音乐细分为多个层次，各自代币化为NFT的概念，实际上可以在Async.art平台上具体实现。根据拥有各个层次NFT的人的不同选择，可以改变音乐整体的构成，可谓十分有趣。网址如下：http://async.art/music。——作者注

在于数字世界的我的一部分，是我的资产。所以，通过 NFT 带来的数字所有权的变化，代表着我们生活模式的全面改变。我们自己创作、消费与分享的所有行为，未来会发生怎样的变化，让我颇为好奇。

所有权与著作权

在讨论 NFT 及所有权时，有一个无法避开的话题，就是著作权。著作权大致包含对相应资产再生产及复制的权利、制作衍生产品的权利、发行复印件的权利，以及进行公开展示和演出的权利等。一般来说，NFT 一旦卖出，NFT 的所有权就转移给购买方了，但这并不意味着将资产自身的著作权也转移了。因为这时原作者（即原本享有著作权者）仍持有著作权，而仅将所有权转移给购买者。当然，如果销售条款中有注明卖方将著作权也转让的语句则例外。

如此看来，购买 NFT 就和收集角色卡片类似。如同你收集宝可梦的卡片时，也只是拥有了画着特定角色的卡片而已，并不是拥有了那个角色本身，或是拥有了将那个角色用作商业用途的权利。

NFT 也是，仅将代币化的所有权转移给购买者，购买者并不是拥有了代币化的资产本身的所有权和著作权。从著作权中将所有权分离出来交易，这才能被称作划时代的想法。不过，这会导致原作者和购买者之间产生意料之外的法律问题，所以需要更完善的制度。（NFT 的法律争议点相关内容将在第五部分更加深入地说明。）

第三章　NFT 与区块链
● ● ● ●

风靡 20 世纪 90 年代和 21 世纪初的 Web1.0 虽然没能超越只读的 HTML 目录，但也给信息检索带来了划时代的变化。然后，21 世纪最初十年的中后半开始的 Web2.0 通过各种数字社群，为网络用户们创造了能随时随地沟通与协作的环境。但大多数通信都要通过中央集中式服务器进行，因此产生了很多问题，例如无法预料的信息损失（如：当公司倒闭时，服务器上的信息就有可能全部消失）、侵犯隐私、中间平台单方面的政策变化导致用户的权利受到侵害等。此外，在 Web2.0 的网络环境下，数字文件可以不降低品质地无限复制，也让区分原件和复制版本变得不可能。结果就变得很难追踪相应文件的出处和所有权，原作者也就很难有机会用自己拥有的作品创造收益。在这样的情况下，和区块链紧密相连的 Web3.0 的到来让我们非常期待。

区块链是基于由多个计算机实现的去中心化网络储存和管理数据，从中央集中化对象手中找回数据权利，具体实现了不需要中介的点对点模型（如：没有优步的车辆共享，没有爱彼迎的房屋共享等），是找回网络最初追求的个人自由的一种社会性变化。通过基于区块链的 NFT，网络世界历史上第一次赋予数字文件原件与稀缺性的价值，这是给予原作者力量的开天辟地的革命。

NFT 与智能合约

如今，大部分 NFT 在以太坊区块链上发行（铸造）。区块链是公开且按时间顺序共享交易记录的分散化数字账簿，因此 NFT 一旦被制造，相应事件就已经被标记上时间并储存在区块链上，任何人都可以轻易确认其出处和所有权。

前面说过，NFT 是表示特定资产的区块链上的数字文件，如果要从更深的技术层面来看，那么可以说 NFT 是"智能合约"。智能合约是利用区块链上的程序代码，在满足特定条件时自动进行签约并验证这一过程的脚本。

智能合约是 NFT 的构成要素之一，基于与 ERC-721 一致的代币标准，将 NFT 以固有标识符形态发行。根据是否有固有标识符，可以区分 NFT 和 FT。NFT 作为不可替代代币，只要卖家和买家达成协议，就可以立即进行交易。这样的交易内容被储存在区块链上，不能进行伪造。因此，也可以把 NFT 的固有标识符称为"所有权证书"。

NFT 的另一构成要素是数字内容，即以文本、图像、音频以及视频等多种形态存在的媒体文件。最后，NFT 还包括对这种数字内容（媒体文件）的属性进行解释说明的元数据。包括了作品名称、作品详细内容、合约条件、媒体链接等信息。

被储存在哪里了？

此处有一点很有趣，即对元数据和数字内容而言，根据发行者的决定，它们很多时候也储存在区块链下而不是链上。因为将大容量文件储存在如以太坊这样的区块链上会产生高额的手续费。很多时候，人们一提起NFT就会想到元数据或是数字内容，但这些要素可能并不存在于区块链上，这一点真是很讽刺。链下储存场所包括中央集中式服务器或是亚马逊云服务这样的云端储存方案，以及去中心化分布式文件储存系统，如星际文件系统（InterPlanetary File System）等。

将NFT的部分要素以中心化方式储存伴随着风险。假设你将铸造的NFT数字内容储存在某公司的服务器上，如果这家公司倒闭，服务器也关闭的话，会发生什么呢？你的NFT仍以固有标识符的形态存在于区块链上，但与那个固有标识符相匹配的其他所有信息都消失了。

实际上，2020年末就出现过这样的情况。名为Niftymoji的NFT项目开发者们跑路，并将网址和其他所有社交媒体账号全部注销。因此，与其相关的NFT元数据与数字内容也全都消失了。这显然是令人非常遗憾的情况，也是一个在很大程度上将区块链所宣传的最大优点——连续性与不变性变得无效的事件。目前，无数专家正在努力解决这样的NFT存储问题，也有将NFT相关数据更多以星际文件系统这样去中心化方式存储的趋势。

第四章　NFT 与创作者经济时代的开幕
● ● ● ●

因互联网的普及，任何人都可以自由地将自己的数字作品上传、分享，并获得数千个"点赞"。那么，对那些具有人气的作品，创作者们拿到合理的报酬了吗？答案是"并没有"。

正如前文所提及，数字作品的讽刺性是，越多的人免费欣赏和分享该作品，即复制版本在互联网上传播得越广，其原件的稀缺性就越高。当然，这是在可以证明是原件的前提下。通过 NFT 认证为原件而拥有稀缺性这种方式，能刺激人们购买任何人随时随地都能免费欣赏的数字作品（或其复制版本）的 NFT。也就是说，NFT 正在成为很难现金化或收益化的数字世界作品与观众之间全新的纽带。特别是像虚拟游戏道具这样并不是真正的工具，而是以鉴赏为目的的数字美术或音乐作品，非常容易被复制及共享，因此也更加能让人感受到 NFT 带来的"合理报酬"的价值。因 NFT 的普及，创作者们可以不用再阻拦自己的数字作品在网络上流传，相应作品可以被认证为独一无二的作品并进行出售。作品有人气，就理应获得与之相当的合理报酬，NFT 在数字领域使这理所应当（但长久以来无法实现）的事变为可能。

NFT 的基础——智能合约技术给予了创作者将作品的稀缺性和价值最大化的控制权。因为创作者可以选择将作品以唯一 NFT 形式发行，或以 1 个以上的 NFT 复制版本（即系列）来发行，从而调节作品的稀缺性水平。虽然是复制版本，但其实并没有什么不同。每个系列都是由包含固有标识符的 NFT 发行的。这样提前决定好出售数量的系列叫作"限量版"。上传到 NFT 市场中的作品如果显示着"9/10"，则代表该作品发行了 10 个版本，现在你看到的这个作品是其中的第 9 个版本。

当然，发行的数量越少，作品的稀缺性就越强。一般来说，第一个版本的交易价格最高。

创作者也可以选择在一定时间内按需求发行无限量的版本，这种叫作"开放版"。假如有 350 名收藏家点了购买按钮，那就会发行 350 个版本。也有虽然是开放版，但可发行或出售的总版本数有限制的情况。开放版的市场需求与供给相平衡，所以其稀缺性和价值都不如限量版。但另一方面，这对收藏家来说也会成为很有价值的投资。如果某个 NFT 艺术家的人气上涨，对以开放版本发行的作品的需求就会增加，收藏家们就可以用更高的价格在二手市场上再次出售。因此，如果有分辨会变得热门的 NFT 艺术家或者 NFT 作品的眼光的话，关注这种开放版本的发行也是不错的投资方法。此外，在开放版本中，如果遇到作品没有卖出几个的情况，就可以享受作品的稀缺性意料之外地增加的效果。这样给予创作者对版本数量的控制权，即对数字稀缺性的控制权，正是 NFT 令人震惊且充满趣味的地方。

NFT的智能合约技术也能让创作者不被排除于其作品的价值链条之外。当本人的NFT作品在二手市场上再次出售时，可以获得本次出售价格的一部分作为版权费用。版权费用主要由创作者在NFT发行时亲自设定，目前的额度大部分是10%。版权费用是自动收取的，因此创作者并不需要去追踪自己的作品是在何时何地，以及怎样进行交易的。这种版权费用制度是新概念的报酬，会给予创作者很大的激励。特别是随着创作者人气的上升，NFT作品再次出售的次数与价格也会上升，那么创作者就会有不菲的持续收益。

给予创作者力量！

我们现在生活在创作者通过"关注"这一媒介，不依存于广告，而可以将自己的热情以内容的形式制作与出售的体制，即"创作者经济"的时代中。与画家、音乐家、作家及创业者等身份无关，努力进行创作的任何人都可以成为创作者经济的主体。

在21世纪头十年的末尾，凯文·凯利（Kevin Kelly）预言"只要这世界上存在1000个不管自己制作什么都会购买的狂热粉丝，那么任何人都可以通过创作活动维持生计"。因互联网的发展而登场的点对点交流与交易系统，将创作者和其受众直接联系在一起，只要有1000个一年可以为创作者的创作活动支付100美元的狂热粉丝，就可以有10万美元的年收益，这就足够了。最近甚至有不需要1000个，只需要100个这样的粉丝就足够的说法[1]。因照片墙

---

[1] https://kk.org/thetechnium/1000-true-fans/

（Instagram）与Youtube这样的社交平台的全球普及、各领域网红们影响力的扩大、各种创作工具的发展，现在也有人主张1年有100个愿意支付1000美元的狂热粉丝足矣[①]。

对NFT来说，不管创作者的狂热粉丝是100个还是1000个都无所谓。因为拥有创作者有着固有代币价格的NFT作品的人，这世界上只有一个。NFT能帮助创作者与一名粉丝建立更加特别的直接关系——不仅是对所有权的金钱报酬，还附带了一起分享差异化体验的机会。例如，向购买NFT美术作品的收藏家赠送与艺术家一对一见面的机会，向购买NFT音乐专辑的狂热粉丝提供参与歌手下一张专辑制作的机会等，可能的体验种类无穷无尽。实际上，通过NFT提供接近对方的权利这类实际效用是最近最热门的概念之一，也有将特定的体验访问权限自身代币化的NFT被交易着。和你最喜欢的偶像团体，在新型冠状病毒肺炎疫情后的第一场线下演出中一起站上舞台的权利；和你最喜爱的数字艺术家下次展览时合作的权利；当你资助的当地社群中心竣工时，植一棵以你的名字命名留作纪念的树的权利，等等。代币不仅给艺术领域的创作者，也给梦想着各种各样尝试的冒险家以力量，通过NFT，我们梦想中的一起实现文化社会共同体的未来正在逐渐向我们靠近。

[①] https://a16z.com/2020/02/06/100-true-fans/

第五章　NFT 的发展史
● ● ● ●

2021 年 5 月，9 个加密朋克形式的 NFT 藏品在佳士得拍卖行卖出了约 1690 万美元，引起了话题。之后，过了一个月，在 6 月 10 日，加密朋克 #7523 在苏富比拍卖行以 1180 万美元的价格成交，证明了 NFT 市场仍然热度不减。像这样人气爆棚的加密朋克看起来就像是某天突然从天而降的"一沓子钱"，但其实它是在历史上留下浓墨重彩的一笔的 NFT 初期项目之一。2017 年，纽约软件公司 Larva Labs[①] 创始人约翰·沃特金森（John Watkinson）和马特·霍尔（Matt Hall）通过算法，让一万个独一无二的"朋克"诞生了。它们立刻收获了大量人气，更重要的是，它们展示了关于数字稀缺性与所有权的新模式，真正意义上拉开了 NFT 时代的序幕。

光看加密朋克就可以得知，NFT 并不是新技术，而是经过时间检验的历史产物。让我们从主要的事件来看看 NFT 的第一步是

---

① 中文意为"幼虫实验室"。初期为开发移动应用程序的软件公司，现转向 NFT 项目。——编者注

怎样走的，之后又会怎样发展。

2012—2013：NFT的胎动，彩色币

彩色币是通过比特币区块链将实物资产以虚拟形态来表现的一种资产发行方式。当然，它没有如今的NFT这么成熟，但也是希望将区块链技术应用于股票、不动产、加密货币发行权、数字藏品等多种资产的富有意义的初次尝试。

彩色币在约尼·阿西亚（Yoni Assia）2012年的新闻《比特币2.X》[*bitcoin 2.X(aka Colored Bitcoin)–initial specs*][1]中第一次被提出。随即，当年年末，美尼·罗森菲尔德（Meni Rosenfeld）通过《彩色币概览》(*Overview of Colored Coins*)[2]这一论文预言了一类新型资产的跃升，吸引了世人的注意。从某种层面上看，彩色币可以说是我们常说的NFT始祖的加密朋克或加密猫的祖先。当然，它们的区别是彩色币并不是在以太坊而是在比特币的区块链上实行的（当时还是以太坊上市之前）。

彩色币有一个致命的缺点：因比特币区块链的设计特性，所有参与者都同意特定价值的价格时，才能产生那个价值。不过彩色币还是占据了NFT历史上的重要部分，给我们展示了资产代币化的可能性与潜力，也让我们认识到实现这一点需要更具"弹性"的区块链。

---

[1] https://yoniassia.com/coloredbitcoin/
[2] https://bitcoil.co.il/BitcoinX.pdf

2014—2016：Counterparty，悲伤蛙，货币化的图像

Counterparty

2014年，罗伯特·德莫迪（Robert Dermody）、亚当·克雷伦斯坦（Adam Krellenstein）和埃文·瓦格纳（Evan Wagner）共同推出了Counterparty。这是一个在比特币区块链上建立的点对点金融平台，也是一种开源网络协议。Counterparty和模因（meme）集换式卡牌游戏等许多类似项目相关联。举个例子，在2015年，一款名为《创世纪法术》（Spells of Genesis）[①]的手机游戏就通过Counterparty，最早将游戏内的虚拟资产在区块链上发行。2016年，热门集换式卡牌游戏《愿望之力》（Force of Will）[②]又一次用Counterparty发行卡牌，吸引了人们的关注。值得一提的是，该公司是对区块链或加密货币毫无经验的主流公司，这一点有着更深的意义。因为这意味着资产代币化这一概念正以惊人的速度普及着。

悲伤蛙

无论如何，最为人所熟知的项目是通过Counterparty发行的悲伤蛙模因集换式卡牌。2016年10月首次亮相的悲伤蛙模因是基于创作者马特·弗里（Matt Furie）的高人气漫画角色青蛙佩佩（Pepe the Frog）推出的项目，其发行后获得了超高人气，甚至还出现了保障模因稀缺性的"悲伤蛙名录"[③]。这充分展现了人们想要拥有具有独创性的数字商品的需求。

[①] 一款基于区块链技术的卡牌弹球游戏。——编者注
[②] 一款由日本FORCE OF WILL株式会社开发的热门游戏。——编者注
[③] 在悲伤蛙名录中有很多有着独特设计和色彩的悲伤蛙模因卡牌，强烈推荐有时间的话去看一下。http://rarepepedirectory.com/——作者注

图 1-1 通过 Counterparty 发行的悲伤蛙模因集换式卡牌

出处：悲伤蛙名录

货币化的图像

2014 年，艺术家凯文·麦考伊（Kevin McCoy）在思考如何通过比特币区块链寻找创作者们新的收益源方案时，"加密"这一概念开始传播到艺术世界。麦考伊尤其被区块链的去中心化属性所吸引。他认为，利用区块链，艺术家们就可以越过 iTunes[①] 这样的中介，直接与顾客沟通，交易作品。

麦考伊首先与工程师兼企业家阿尼尔·达什（Anil Dash）合作，将自己的数字艺术作品《量子》（Quantum）制作成了实验性的代币。他们是最初想到将数字艺术作品放上区块链，并实际施行的人。他们将这一概念讽刺性地称为"货币化的图像"或是"专著"（有趣的是，麦考伊的《量子》2021 年 6 月在纽约苏富比拍出了 147 万美元的价格，成为热点话题[②]）。

根据《纽约时报》的报道，次年，即 2015 年，麦考伊以自身

[①] 苹果公司一款免费的媒体管理、储存和播放软件。——编者注
[②] https://www.sothebys.com/en/buy/auction/2021/natively-digital-a-curated-nft-sale-2/quantum

的经验为基础,成立了帮助艺术家们将作品代币化进行交易的初创企业。在与 NFT 在全球都备受关注的当下完全不同的市场氛围下,用自己的意见去说服他人是非常困难的事。

2017:终于为世人所知

2017 年 3 月

到了 2017 年,以太坊开始在全球有了一定知名度。使用简单的编程语言就可以通过"以太币"这一以太坊网络的基本货币制造出新的金融商品,这一点是非常具有创新性的。2017 年 3 月,基于以太坊网络特性,名为"Peperium"的分散型模因交易平台兼集换式卡牌游戏诞生了。这是一个任何人都可以自由地制造模因,并在星际文件系统和以太坊中代币化的项目。与 Counterparty 类似,Peperium 也发行了名为"RARE"的有项目编码的代币,可以在制造模因时用于缴纳手续费。与此同时,之前通过 Counterparty 实现的悲伤蛙模因卡牌的交换也开始逐渐向基于以太坊的 Peperium 进行转移。在 NFT 更加普及的今天,悲伤蛙的人气已经不如从前了,但其仍有坚实的狂热粉丝基础。2021 年 3 月,被称为最稀有佩佩的"霍默·佩佩(Homer Pepe)"以 205 个以太币(约 32 万美元)的价格成交,再次证明了其人气。

2017 年 6 月

悲伤蛙交换某种程度上在以太坊中站稳脚跟之后,约翰·沃特金森和马特·霍尔决定尝试属于他们自己的 NFT 项目。据他们说,当时他们并不知道凯文·麦考伊和阿尼尔·达什 2014 年的项目。他们开发了能够生成数千个角色的软件,通过这个软件诞生了叫作"朋克"的 24×8 像素的角色们。每个角色的特征、服装、发型、饰品等属性通过算法进行随机组合，拥有了固有的稀缺性。这些朋克形象大部分是人类，极少数是僵尸（88 个）、猴子（24 个）和外星人（9 个）。为了保证稀缺性，沃特金森和霍尔仅仅发行了 1 万个朋克作为 NFT（虽然很多人将加密朋克称作基于 ERC-721 标准的 NFT 的始祖，但其实此时 ERC-721 并未被开发出来）。只要是拥有以太坊钱包的人，都可以免费拥有朋克的所有权。就这样，他们将 9000 个朋克分享给世人，自己保留了 1000 个（啊，又想要坐着时光机回到过去了）。

事实上，加密朋克作为藏品，并不是一开始就人气爆棚。免费的 9000 个朋克中只有几个被挑选走。但是朋克们的命运随着几周后美国互联网博客网站 Mashable 宣称"加密朋克将会改变我们对数字艺术的看法"而发生了 180 度大转弯。加密朋克网站访问者蜂拥而至，剩余所有加密朋克的所有权不到 24 小时就被全部选走。很快，二手交易市场就出现了加密朋克的身影。它们一开始售价几百美元，后来开始卖出几千、几万美元的价格。2021 年 8 月初，加密朋克 1 周的交易额就超过了 2 亿美元，其经久不衰的人气轻易地就超越了我们的想象。

考虑到其有限的供给量和加密朋克的品牌效应，很有可能未来很长一段时间内其名气和交易价格都会居高不下。尤其是加密朋克作为始祖 NFT 项目，却是基于以太坊网络，可以在各种各样的 NFT 交易平台上自由地进行交易，这使加密朋克的火爆能够长期维持。

2017 年 10 月

10 月,另一个叫作"加密猫"的 NFT 藏品网站也登场了。Axiom Zen 公司[1]发行的加密猫是一款基于 ERC-721 的以太坊线上游戏。玩家们可以收集、养育虚拟猫咪,使其交配,并进行互换。每只虚拟猫咪的年龄、品种、颜色等都是独一无二的,因此是不可替代的 NFT。此外,因为它们是不可分割的,所以一个加密猫代币不能够被分割为好几个。

经过几个月的创作,Axiom Zen 在"以太坊滑铁卢编程马拉松大赛"中公开了加密猫的初代版本,获得了第一名。因此,加密猫很快就成为热点,被各种媒体介绍,获得了知名度。

在当时来看,花费超过 1000 美元购买仅存在于虚拟世界中的猫咪本身就是一个很不错的营销话题。再加上让拥有的猫咪进行合适的交配还可以制造出珍稀品种,有可能会获得高额收益,这是一个非常吸引人的点。当然,猫咪们的可爱也是锦上添花。

到了 2017 年末,连名字也很相似的加密朋克和加密猫的交易价格开始达到上亿韩元。他们取得如此巨大的成功,原因既包含了人们将其视为"能赚钱的生意"的理性判断,也包含了"别人都在玩,不然我也试一下?"的从众心理。再加上这个时期,随着比特币和以太币的价值飞涨,年轻的加密百万富翁们登场,他们很熟悉"只要我们认为有价值,就是有价值的"这样的加密公式,因此才对目前尚未得到验证的 NFT 们有更加积极的反

---

[1] 一家制造初创公司的加拿大创业公司。——编者注

应。也就是说，加密的"富"对加密收藏品初期市场的趋势起到了带头作用。

2018—2019：急速发展时期

NFT 生态在 2018 年有了急速发展。2018 年 2 月，制造出加密猫的 Axiom Zen 分立出新设企业 Dapper Labs[①]，并收到来自安德森霍洛维茨投资公司、合广投资、谷歌风投等在风险投资行业得到一致好评的投资公司的投资。就这样，资金涌入 NFT 市场，像加密猫这样的初始 NFT 项目迅速形成社群，让世界聚焦于 NFT。

在 2018 年 2 月，仅有约 8500 个 NFT 活跃账户，而到了 2019 年 12 月，这个数字超过了 2 万。随着市场的活跃，也出现了像 nonfungible.com 这样的 NFT 数据平台，帮助人们分享信息。

此时，另外一个革新"二层网络"也登场了。与加密猫团队毫不相关的第三方开发者们开始开发能够上传到加密猫上的各种游戏商品。这些开发者并不需要经过"批准"就可以在加密猫的公共智能合约中上传自己的应用程序。应运而生的猫帽子、Koto Wars[②]、Wrapped Kitties[③]等项目及商品就被引进到 Dapper Labs 的猫咪宇宙中。

在对 NFT 很积极的市场氛围当中，数字艺术家也开始对 NFT 技术产生兴趣。事实上也没有什么比数字艺术更适合 NFT 的领域

---

① 一家区块链游戏公司。——编者注
② 一款加密猫对战的区块链游戏。——编者注
③ 加密猫的加密货币交易平台。——编者注

了。美术作品的价值就存在于原件的稀缺性及所有权上。在 NFT 登场之前，证明数字原价几乎是一件不可能的事，因此所有权这一概念本身就失去了意义。所以，给数字艺术作品赋予"独特性"和"稀缺性"价值的 NFT 技术是多么具有开创性啊。NFT 最大限度地鼓舞了数字艺术市场。创作者们开始各种各样实验性的尝试，自然也有大量把重心放在数字艺术上的 NFT 平台登场。如今我们非常熟悉的 SuperRare、KnownOrigin、MakersPlace、Rare Art Labs 等，都是十分重视数字艺术的 NFT 交易平台。

2020 年至今：处在话题中心的 NFT

从 2020 年开始，NFT 的热度变得非常高。尤其是 NFT 艺术市场的交易价格上涨得最为显著，典型例子就是 Beeple 的作品。2020 年 10 月开始对 NFT 感兴趣的 Beeple 将自己的 3 个作品代币化，卖出了 13 万美元的价格。仅仅 2 个月后，同年 12 月，他的"每一天"系列中的几个限量版 NFT 就以总价超过 350 万美元的价格出售，展现出非常惊人的上升趋势。

到了 2021 年，人们对 NFT 的关心达到了最高点，原因自然是 Beeple 以 6930 万美元在佳士得拍卖的 NFT 美术作品。这一事件也营造出了如今的 NFT 市场。

除 Beeple 外，2021 年初还有各种各样令人瞩目的 NFT 作品。纪念彩虹猫诞生十周年的 NFT 模因以 58 万美元的价格卖出，著名唱作人、特斯拉首席执行官埃隆·马斯克（Elon Musk）的女友格莱姆斯（Grimes）的视频短片藏品以 NFT 形式出售，成交价 600 万美元。NFT 集换式卡牌交易平台 NBA Top Shot 仅 2 月份就产生了2.5亿美元的交易，提供了一种新颖的创收模式。这一切都是在2021年初的3个月内实现的，不觉得很震撼吗？

2021年5月初，全球NFT交易额在1亿美元左右徘徊，让NFT重新占据了主流媒体的大版面（有趣的是，交易额中大部分来自NFT藏品）。5月份以后，NFT市场貌似稍有停滞，但到了7、8月份，市场就以美术、藏品、音乐、游戏、数字不动产等广泛的产业为基础，目前正在持续发展中。当人们对这种全球NFT热潮究竟会单纯地短时间流行之后就结束，还是会成为能够持续成长的新市场机遇而意见不一时，国内外大品牌都为了寻找营销及创收的机会，进军了NFT市场。

eBay对平台进行了更新，使其既能进行实物交易，也可以将数字藏品以NFT形式进行交易。奢侈品品牌也对NFT非常积极[1]。路易威登、卡地亚、普拉达创立了区块链联盟"Aura"[2]，正式进军NFT市场。8月，博柏利与基于区块链的游戏Blankos Block Party[3]联合上线了限量版NFT角色与数字饰品系列，引发热议。博柏利的NFT角色名为"Sharkey B"，身上有博柏利的全新夏日限定TB印花，可以在Blankos Block Party交易平台上进行买卖与升级。

---

[1] 象征着超级跑车的德国汽车制造商保时捷与其数字部门子公司Forward31上线的NFT平台Fanzone合作，将汽车设计草图以NFT形式拍卖（https://superrare.com/artwork-v2/tradition—vision-26657）。拍卖的收益全额捐赠给了非营利机构Viva Con Agua。——作者注
[2] 一个基于区块链的国际奢侈品行业通用认证标准。——编者注
[3] 一款开放世界的多玩家游戏。——编者注

图 1-2 博柏利的 NFT 鲨鱼角色 "Sharkey B"

出处：Mythical Games

再来说说关于美食的话题。美国连锁餐厅塔可贝尔发售了一款以塔可为主题的 NFT，半小时内就销售一空。加拿大的必胜客则销售了像素化的比萨块。这不就是不用花费高昂的费用，就可以利用 NFT 的话题性进行营销的绝佳策略吗？

作为使 NFT 艺术与藏品市场繁荣昌盛的一等功臣，佳士得与苏富比不断将各种各样的物品以 NFT 形式拍卖，不仅增强了 NFT

与社会文化的关联性，也提高了其制度上的正统性。体制内的主要机构逐渐开始正面看待 NFT 技术，提高 NFT 的地位，也增强了人们对 NFT 的信心。值得一提的是，2021 年 6 月，英国计算机科学家蒂姆·伯纳斯·李（Tim Berners-Lee）在 1989 年开发的万维网源代码在苏富比拍卖行以 NFT 形式拍卖，成为热点话题。此 NFT 在苏富比线上拍卖中以 540 万美元成交，这次拍卖交易的不仅仅是单纯的计算机代码，而是对完全改变人类生活方式的历史性拐点的所有权。几年前还只存在于想象之中的事，如今正在成为现实。

第六章 为什么现在是 NFT 时代？
● ● ● ●

从 2021 年初开始，对 NFT 的史无前例的关注和投资热潮冲击着全世界，说 2021 年是 NFT 之年也不为过。"是因为 Beeple？"广泛的关注和热潮仍在持续。更重要的是，我们要从根本上去挖掘像 Beeple 的拍卖这样大获成功的 NFT 交易会集中发生在 2021 年的原因。为什么 2021 年是 NFT 之年呢？

财富效应

首先要提到的就是"财富效应"。财富效应是指随着个人资产价值的上升，支出也会随即增加。这也解释了 2021 年初再次展现出强劲势头的加密货币市场与 NFT 热潮的关联性。以 2021 年第 1 季度末为基准，以太币的价格同比增长超过 1000%，同期比特币的价格也增加了 600% 以上，突破 5 万美元，达到了历史最高值。

这对加密货币的初期投资者来说是天大的好消息。NFT 成为变得更加富裕的"加密鲸鱼"[①]们新的游乐园。对那些对加密市场绝

---
① 指持有大量比特币的个人或团体。——译者注

对信任，无论市场价格高或低都不卖掉加密货币，而是想要长期持有（也叫作"持仓"）的人们来说，NFT 是非常有诱惑力的投资处。再加上对熟悉并关心新技术的人们来说，应用区块链技术的 NFT 既是非常有趣的"游戏"，也是终于能向世人炫耀自身的加密财富的手段。这些人立刻以超高的价格购买 NFT。目前最昂贵的 NFT 中大部分都被很久以前就深入涉足加密世界的人们拥有。比如 Beeple 最出名的作品《每一天：前 5000 天》就是被 NFT 基金运营公司的创始人 Metakovan 所购买。

图 1-3　NFT 市场的交易量变化（2020 年 6 月—2021 年 6 月）

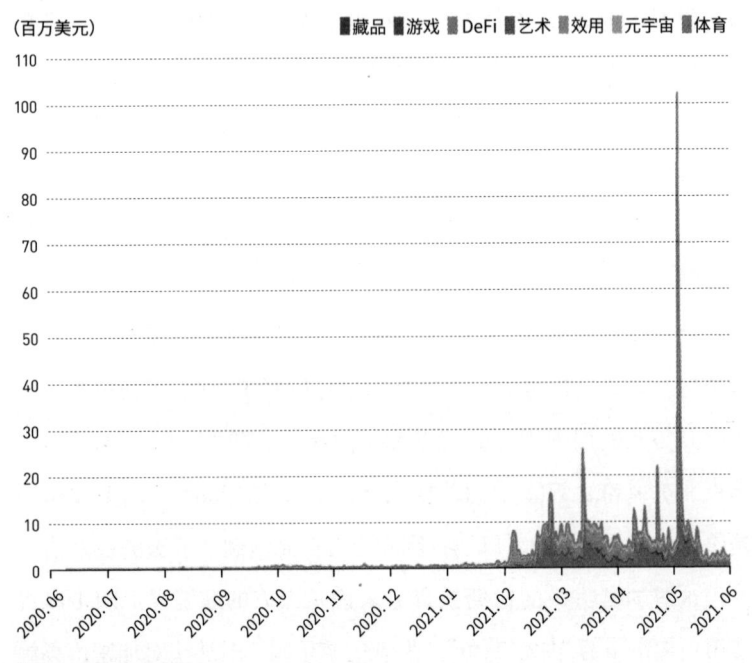

出处：nonfungible.com

这种"财富效应"的趋势和最近如此多的人收集 NFT 的理由是一致的。这正是因为 NFT 身上的投资价值（也可以说是根据市场价变化的投机性价值）。当然，人们收集 NFT 可能出于各种各样的理由。如上述的想要拥有某种具有稀缺性的东西，且能够得到认证的满足感，对拥有包含时代精神的 NFT 这一事实的欣慰，发现意料之外的作品的过程中所体会到的刺激与激动，以及发现并支持有潜力的创作者的喜悦……诸如此类的理由恐怕无穷无尽。但就目前而言，大部分人是怀着对之后可能会获得的收益的期待进入 NFT 市场的。

NFT 在美术、音乐、游戏、体育等文化生活领域都有应用，因此拥有 NFT 本身就有着巨大的意义。但如果 NFT 再次被出售时，能够被认定为具有更高的价值的话，就会成为有很高投资价值的数字资产。

尤其是 NFT 与其他加密货币市场相同，有着对社会做出反应的属性，只要找准时机，就可以"漫天要价"。越多的人认为其有价值，那么其实际的市场价值就会变得越高。就如同 Twitter 创始人杰克·多尔西的第一条推文，很多人都认可其历史性，因此可以卖出 290 万美元的价格。

独特的故事

NFT 市场之所以会受到参与者的心理反应及行动的巨大影响，是因为 NFT 的独特性与稀缺性的"故事"刺激到了群众的心理。比特币也是同样的情况。自 2008 年化名中本聪的匿名开发者发布比特币白皮书，并于次年生成第一个比特币区块后，超过 10 年的时间里，比特币受到了金钱和金融关注者的持续注目，无论那份关注是积极的还是消极的。"无法伪造的具有稀缺性的数字货币"的故事让人们很是兴奋，实际上，全球有数百万人持有比特币。即使制度圈的主要评价是比特币没有内在价值，只是投资的手段，这些人还是热衷于比特币身上的故事。比特币虽然没有来自体制内的担保，但仍通过参与者的信任维持着其价值。NFT身上同样也有固有性和稀缺性这样具有魅力的故事，足够刺激群众的心理。而且，与比特币不同，NFT从美术、音乐、游戏、体育等方面与我们的日常生活直接相关，对大众来说更容易接受。

非面对面环境

在这一时期，NFT之所以受到如此巨大的关注，或许也受新型冠状病毒肺炎疫情的影响。随着外出受限，人们在家里度过的时间变长了，因此会对虚拟空间里交易的数字商品与服务有更积极的反应。与加密货币不同，NFT能让人们在网上与朋友或是熟人一起"欣赏"各自的藏品，"玩"各自的游戏，这也是其巨大的魅力之一。可以预见，随着元宇宙的扩张，以NFT为媒介的非面对面社交活动会有爆发性的成长。另一方面，因为新型冠状病毒肺炎疫情，美术展览、音乐剧、公演等线下活动被大量取消，艺术家们的收益来源大部分都被堵住，在这样的情况下，NFT成为他们绝佳的替代方案。他们可以通过NFT市场，绕过中介，亲自与顾客进行交易，并可以提供"和创作者非面对面相遇"等特别的体验作为商品交易的其中一环。

数字知识产权的主体从中介平台转移回原作者，这让艺术家们欢呼雀跃。以此为契机，他们聚集在让丰富的创作活动变得可行的 NFT 市场。目前区块链上有机发生的各种艺术尝试，都实验性地展示了制度圈完全未曾设想（或是强烈抵制）的可能性。通过 NFT，使社会发生巨变的"文化革命"已经开始了。

顾虑与期待中的 NFT 的未来

NFT 虽然打破了现有产业的框架，展现出蓝海[①]的面貌，但同时，对围绕着 NFT 市场的投机与泡沫的担忧也不可忽视。投机者们非常迅速地聚集在 NFT 市场。实际上，2021 年 5 月初，全球 NFT 市场的总交易额达到了当时的历史最高点，随即，在 6 月初，该数值就大幅下降，有很多认为 NFT 泡沫非常迅速地破灭了的否定意见出现。社会整体对 NFT 持怀疑态度，认为这仅仅是一次性的热潮。但另一方面，同一时期内 NFT 的交易次数及交易中使用的加密钱包数量仅仅小幅下降后就又显示出了上升趋势，因此也有持积极看法的人认为 NFT 市场只是单纯进入了调整状态。不仅仅依存于 Beeple 在佳士得的拍卖这样具有话题性的巨额交易，而是为了构建以多种多样的形态通过大大小小的交易实现的健康的 NFT 生态系统，这是必需的过程。

就这样，在全球范围展开舌战的期间，NFT 市场又迎来了一次爆发性的成长。2021 年 8 月中旬，全球 NFT 市场交易额再次表现出陡峭的上升趋势，到达了史无前例的最高点（图 1-4）。与相当活跃的 7 月中旬相比，数值也激增了 70%。NFT 交易中使用到的加密钱包的数量也正在以惊人的速度增加（图 1-5）。在各种

---

① 指通过创新所开创的、竞争较小且存在极大商机的、未知的市场空间。——编者注

NFT平台上发生的一手及二手市场交易次数全都表现出相当可观的成长曲线。可以肯定，目前带动着NFT成长的引擎不仅仅是艺术，而且包括加密朋克这样的收藏品、*Axie Infinity*[①]这样的游戏，以及沙盒（The Sandbox）这样的元宇宙内的不动产交易等多种多

图1-4 NFT交易额每周变化（2021年1月—2021年8月）

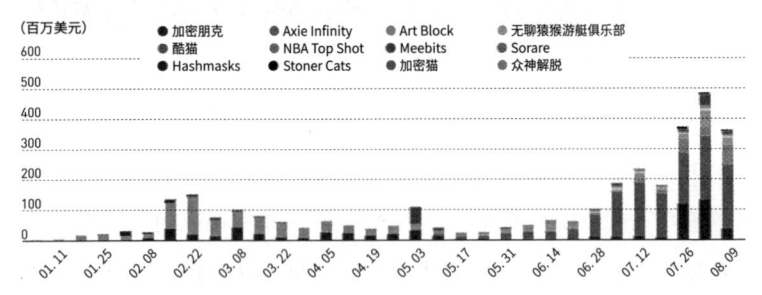

出处：www.theblockcrypto.com

图1-5 NFT交易中使用的加密钱包数量每周变化（2020年9月—2021年8月）

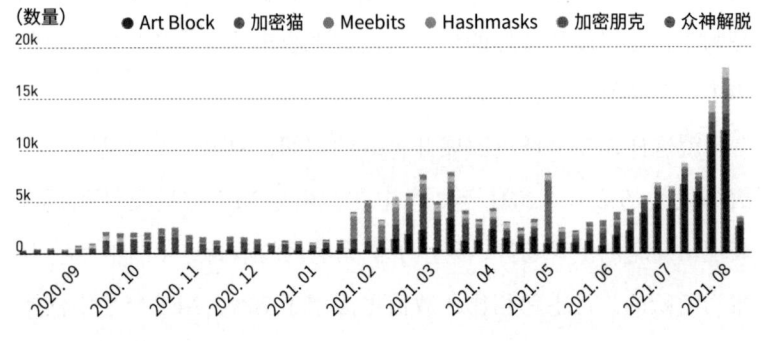

出处：www.theblockcrypto.com

---

① 一款以区块链技术为背景，可收集宠物并进行战斗的集换式卡牌游戏。——编者注

样的东西。令人振奋的是，NFT市场正在以对大众来说更加亲切的交易形式而变得多样化及活性化，甚至到了对虚拟资产并不熟悉的普通人，都能使用信用卡轻松购买代币化商品的时代。这意味着NFT从实验性的夹缝市场进入我们的日常生活中了。

实际上，回顾市场的历史，往往是对市场的过度期待有所收敛之后，才能公正地评价新登场的技术与机会的价值。很多专家对20世纪90年代末期与互联网泡沫一起涌入市场的无数初创企业不以为然，但最终，那个时间诞生了像亚马逊这样完全改变我们生活的巨型创新企业。用IT咨询公司高德纳提出的"新兴技术成熟度曲线"来说（图1-6），NFT在2021年初通过各种积极事件迅速进入了"期望峰值期"，然后经历了充满失望与悲观主义的"幻灭低谷期"，受尽了成长之痛。虽然对NFT的否定看法仍存在于社会各处，但这是"必要之恶"。目前，NFT处于将真正的价值与实用性变为具体的"复苏期"的初期，正在进行各种实验性的尝试。在全世界的关注之下，梦想着到达"生产力成熟期"的NFT开始了航行。NFT的未来，不，是我们所有人的未来，让人期待不已。

图 1-6 高德纳的新兴技术成熟度曲线[①]

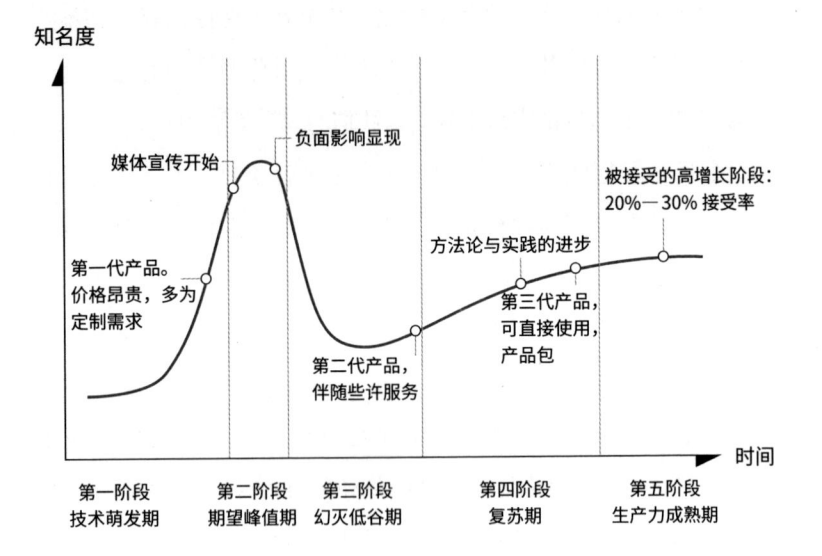

知名度

- 媒体宣传开始
- 负面影响显现
- 第一代产品。价格昂贵，多为定制需求
- 第二代产品，伴随些许服务
- 方法论与实践的进步
- 第三代产品，可直接使用，产品包
- 被接受的高增长阶段：20%—30% 接受率

时间

第一阶段	第二阶段	第三阶段	第四阶段	第五阶段
技术萌发期	期望峰值期	幻灭低谷期	复苏期	生产力成熟期

---

① 本图表用曲线表示新技术诞生时市场期望的变化，展示了新技术的成熟度与接纳度及产业化的程度。虽然并未得到科学的证明，但是符合经验的合理预测，在对以新技术为主的市场做市场分析与制定企业战略时经常会参考。——作者注

NFT 的特征整理

能轻易追踪	交易内容公开记载于区块链上,可以轻易追踪。
容易证明所有权	如果某人主张你的数字资产是他的,可以通过数字所有权证明轻易分辨其主张的真伪。
稀缺性可得到认证	创作者真的只制作了一个原件吗?任何人都可以轻易得知创作者发行了多少版本。
标准化	将你的作品代币化,可以防止因格式的差异而带来的问题。再也无须为了打开".hwp"文件,或是古早的".MP3"文件,又或是".doc"文件而苦不堪言了。
交易方便	通过面向全球大众的市场,你可以轻易出售自己的炫酷作品。供给量(版本数)、销售方法,甚至结算方法都可以由你决定。
可以编程	想让你的作品随着日出日落自动地变化吗?这种想法通过可编程文件完全能够实现。推荐你去看看 Async.art[1]。
具互操作性	NFT 最初就被设置成了具互操作性的,可以跨越多个生态界使用。买家可以将你的作品用于《魔兽争霸》(Warcraft)这样的游戏,或是《星球大战》(Star Wars)这样的电影中,不仅如此,也可以用于电子屏或室外广告牌上。

---

[1] 一个制作可编程艺术的数字艺术平台。——编者注

可以分割	如果一件艺术作品太过昂贵怎么办？你可以把对 NFT 作品的所有权分成一定数量的可替代代币（ERC-20），出售或购买其中一部分。B20 项目就是很好的例子。推荐你也看看 NIFTEX 和 Unicly 平台[①]。
具有（现金）流动性	代币化的文件与其他文件相比，可以更加顺畅地实现现金化。通过分期付款或借入 NFT 的方法，或以类似的 NFT 组成的市场篮子[②]或指数出售的方式，可以更加迅速、轻易地将你的作品或是土地、企业的整体或部分现金化。
用户能轻易获得报酬	想要在玩基于 NFT 的游戏时获得报酬，或是想要对 NFT 平台的运营方式发表意见的话怎么办？平台经常会给予积极的初期使用者能在相应平台内交易的代币作为奖励。

---

① 均为用于组合、分割和交易 NFT 的协议。——编者注
② 指一组选定的产品或资产。——编者注

专　栏
直到不可替代代币变得不可替代的那天

张俊英[1]（音译）
（株）VENDIS 业务开发部部长

"你玩币吗？"

这是最近二三十岁的人每当认识新的人时就会问出的破冰问题。就算不知道区块链技术与虚拟货币的理念与哲学，我们父母那一辈也依旧有很多人购买了。在写字楼商圈的餐饮店里，午餐时间听到最多的话题首先是股票，其次就是"币"，现在要找不知道币的人更难了。虽然政府正在对加密货币进行严格管制，加密货币也不能顺利购买实物商品，但虚拟货币世界已经成为我们生活的一部分。

---

[1] 毕业于美国宾夕法尼亚大学经济学系，就职于金融圈，负责汇率、利率衍生品的销售。作为株式会社 VENDIS 的创始成员，目前为 500 多个客户公司，12 万名职员提供餐费管理方案"饭票大王"服务。他负责战略与业务开发，开放并上线了"零食大王"项目，连续 6 个月占据 Kakao"送个礼物"的总搜索量第一名，据食品业统计数据，2020 年，此项目占据了零食领域 NAVER 搜索量第五名。目前，除了"饭票大王"和"零食大王"，他正在摸索新的创新方向，思考着 VENDIS 的企业战略。

而现在，这个热潮还在向另一领域扩散。如果说虚拟货币是可以和拥有相同价值的其他虚拟货币交换的可替代代币的话，那么现在开启了一个对象拥有唯一价格的不可替代代币 NFT 的时代。NFT 能确认特定数字资产原件，拥有唯一价格，因此 NFT 都拥有各自的唯一价值。这个定义通过 NFT 将全新的所有制概念介绍给世人。曾被认为任何人都可以轻易"复制和粘贴"的数字图像与视频，现在成了能被某个特定个人拥有，并可以出售给他人的固有数字资产了。

艺术家们最先做出反应，这是因为数字著作权相关市场是最容易应用 NFT 的领域。现在，只要在网上搜索 NFT，就能够看到数字图像与视频被制作成 NFT，卖出数十亿韩元至数百亿韩元的新闻。这样极具刺激性的新闻通过媒体传播开来后，大众本能地就开始将 NFT 看作能够赚大钱的投资资产了。因此，这成为 NFT 市场在两年之间翻了 8 倍，市场参与者也急速增加的契机。

另外，元宇宙与 NFT 的合作将 NFT 市场向积极方向拉动（元宇宙是指三次元的虚拟世界）。二三十岁的人已经对元宇宙很熟悉了。三十多岁的笔者在赛我网[①]（Cyworld）制作了迷你的自己，在脸谱网（Facebook）上撰写了个人简介并进行管理，只是没有写"元宇宙"这个词而已，但这种在"赛博空间"的虚拟世界里表现自己的方法，很久之前就存在于我们身边了。

在元宇宙中，NFT 就像是游戏道具一样在运作。如前所述，NFT 是数字资产的唯一价格，因此元宇宙里的特定土地、道具、资产可以被用户的角色单独拥有。利用 NFT 的概念，可以将自己的道具和资产

---

① 韩国最大的社区网站，可提供包括日记、相册、论坛、涂鸦、留言等各种互联网服务。

第一部分 NFT 时代来临

在多个元宇宙之间转移，也可以通过将对原件的所有权转让给其他用户的方式进行买卖。最终，元宇宙成为媒介，使 NFT 资产能够在元宇宙里活用，而不仅仅是拥有。已经为大众所熟悉、前途光明的元宇宙成为 NFT 可靠的后援，让人无法不期待 NFT 的未来。

但 NFT 现在还有很长的路要走。首先，NFT 是被独断性地使用的，对用户来说并不友好。虽然元宇宙可以帮助用户轻易活用 NFT 的概念，但两者之间的协作还不够活跃。为了拥有 NFT，用户必须使用 NFT 专属制作与交易平台 OpenSea[①] 和 Rarible[②] 等。因此，在熟悉的元宇宙之外，用户需要单独学习陌生的 NFT 概念，掌握 NFT 专用平台的使用方法。脱离元宇宙之后，NFT 的概念对大众来说仍然是陌生而复杂的，可能会成为引入新用户，以及即将到来的市场扩张的障碍。

此外，虽然大众理解 NFT 对数字所有权的保护这一积极的方面，但很多人仍然认为这是和比特币一样可以大赚特赚的新的投机手段。更早开始的比特币目前还没有以数字货币完全站住脚跟，被认为是价格起伏很大的投机形式，比特币的弟弟 NFT 也很难打破这一框架。人们对加密货币与区块链技术的安全性与信赖度的不足，意味着 NFT 作为一种资产，很难得到大众的认可。这也会是 NFT 市场扩张时的一个难关。

但如同所有新市场所经历的，NFT 市场也必须顶住并克服这怀疑的视线与局限点。虽然新变革不可能没有"卢德运动"与"闭关锁国"这样的行动，但"坚持"是必须的。希望挑战 NFT 市场的初创企业越来越多，数字资产所有权可以像实物所有权一样被承认，实现线上与线下结合的时代终将到来。

---

① 全球首个也是最大的 NFT 交易平台。——编者注
② 创建和销售基于区块链技术的数字收藏品平台。——编者注

PART 2

第二部分
形成 NFT 新经济的各种产业

第一章　美术

• • • •

大部分人听到 NFT 一词，就会想到 NFT 美术作品。实际上，从 2020 年末开始就占据着新闻头条的巨额 NFT 交易中，大部分都是美术作品。通过 NFT 还清了债务，解决了儿子的治疗费用，实

图 2-1　加密美术品每月交易额变化（2018 年 7 月—2021 年 7 月）

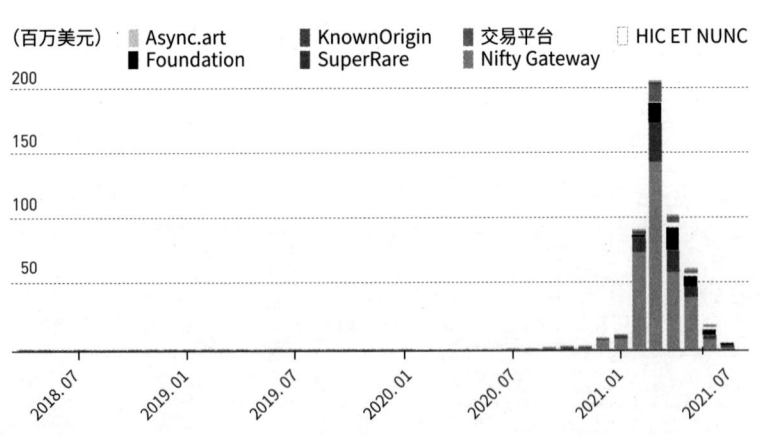

（百万美元）　Async.art　　KnownOrigin　　交易平台　　HIC ET NUNC
　　　　　　Foundation　　SuperRare　　　Nifty Gateway

出处：Cryptoart.io

现了人生逆转等海外新闻也都和美术作品相关[①]。当然，更不能漏掉轰动全球的发生在 2021 年 3 月的那件事。Beeple 的 NFT《每一天：前 5000 天》在佳士得拍卖行卖出了 6930 万美元的历史第三高价，让 NFT 成了世界性的"热搜词"。

如作品的标题一样，Beeple 从 2007 年开始，在 5000 多天的时间里，一天也不休息地每天创作一幅数字美术作品。这次拍卖的作品是那段时间创作的 5000 多个作品组合而成的唯一的 NFT。对于该作品的艺术性，肯定有很多不同的意见，另一方面，因为拍卖中标者是 NFT 基金运营公司 Metapurse 的创始人 Metakovan，也有阴谋论者认为这可能是他为了哄抬 NFT 价格所采取的手段。但可以确定的是，很多人是因为 Beeple 的作品，才乘坐上关注 NFT 美术的列车的。

跃升为新艺术类型的加密艺术

NFT 艺术也被称为"加密艺术"。加密艺术虽然是还没正式建立的概念，但一般可以认为是诞生于区块链的珍贵的数字艺术[②]。与性别、种族、教育程度、技能等背景和经历无关，任何人都可以参与进来的加密艺术有着特有的神秘性，其特点是主要表现定义网络文化的人物与事件。悲伤蛙模因集换式卡牌、加密朋克藏品、Twitter 创始人杰克·多尔西的第一条推文 NFT、Beeple 的社会讽刺性 3D 图像 NFT 等，形式各样的作品都包含在加密艺术的范畴之内。

NFT 艺术与加密艺术有紧密的联系。如果说 NFT 艺术是指通

---

① https://www.bbc.com/korean/international-56397918
② https://www.artnome.com/news/2018/1/14/what-is-cryptoart

过 NFT 这一媒介交易美术作品的市场，那么加密艺术更多是指一种新的艺术形式或艺术运动。虽然大部分加密艺术一开始就是以数字形式制作与编辑的，然而最近将实物作品数字化并铸造成代币的情况也有所增加，因此有人认为应该重新整理对加密艺术的定义。关于用 NFT 制造发行的所有作品能否都叫作加密艺术的争议也很有趣[①]。

NFT 与艺术的结合

首先来看看诞生于"数字"的 NFT 艺术吧。数字艺术是通过 Photoshop、Blender、Cinema4D、Unreal Engine 等专业建模、动画、仿真、渲染软件诞生的。作品完成后就可以通过软件导出为文件，再将这个文件在区块链上存储为 NFT。它们是含有固有标识符和作品属性信息的元数据。

NFT 与艺术的结合带来的变化当中，最受肯定的部分就是产生了销售这类数字作品的渠道。NFT 使对数字原件的认证与对所有权的证明变得可能，于是美术作品的交易范围就迅速向数字艺术扩展了。例如 2021 年 7 月末上线的 Kakao GroundX 的 "Klip Drops"，就是展示艺术家数字作品并销售的平台。8 月中旬，有 24 名被选出的韩国艺术家的作品在平台进行介绍。以拍卖或限量版的方式销售。因其采用"一天一发行"这种将稀缺性极大化的方式，

[①] 实际上，很多情况下 NFT 艺术与加密艺术被混用了，但在本书中，为了避免读者产生混淆，统一使用了更高一层的概念 "NFT 艺术" 一词。但第四部分对名人的采访里，对话途中会提到"加密艺术"一词，为了不影响对话的完整性，就维持了原样。——作者注

以及考虑到一般大众的限量版定价，故而在艺术家与用户两边都收获了不错的反响。尤其是第一天介绍的韩国 NFT 代表艺术家 Mr. Misang，在限量版销售开始 27 分钟后，名为"Crevasse#1"的作品的 999 个版本便全部售罄。这不仅体现了其作为艺术家的人气，也展示了大众对数字艺术的关注与对拥有的需求。这种现象暗示着数字艺术在重视所有权的现今美术市场中的地位越来越高，也说明 NFT 艺术不再仅仅是加密鲸鱼们的游乐园，而是成为渗透进我们日常生活中的生活方式。

正如第一部分里提到的，既然有形资产可以代币化，那么以实物形式存在的美术作品也可以成为 NFT 艺术。例如使用水彩、黏土、画笔与防水帆布等物理材料和工具完成的实物作品，可以拍照后将照片文件上传到区块链上铸造成 NFT。模拟世界里以实物存在的作品也可以在区块链上代币化，以数字文件形式存在。此时，创作者可以仅出售 NFT 数字文件的所有权，也可以将实物作品一起捆绑销售。有趣的是，收藏家们大部分都是以投资的目的购买 NFT 艺术的，偶尔也会因为空间的限制很难保管实物作品，于是只想通过 NFT 获得数字版本的所有权。所以专家们并不推荐捆绑销售。当然这个建议并不是绝对的。NFT 创作者们可以尝试的另一方法就是，向一开始不捆绑购买的 NFT 买家添加一项条款，即买家之后想要实物作品时，可以用 NFT 与实物作品进行交换。这就像是对应实物资产的"商品券"一样的概念，真是很有趣的想法。

美术作品与观众见面的新形式

现在世人已经超越了享受 NFT 艺术新鲜感的水平，而是聚焦于如何通过NFT让美术作品与观众见面并得到评价。从因Beeple而对NFT的关注爆棚的2021年初开始，几个月的时间里，NFT艺术市场就和我们一起变得成熟起来。当然，也有对NFT艺术持冷嘲热讽态度的人。大部分艺术评论家认为，NFT数字作品不过是将从照片墙上存下来的图片代币化了而已，这真的能够被称作艺术吗？

对于实物作品的NFT转换，也是意见不一。除开实物作品带来的氛围感去谈论真品、稀缺性有什么意义呢？当然，对这个问题有一个"快速"的答案。正如前文所说，NFT与实物作品捆绑销售时，实物作品的氛围感再加上区块链提供的原件与所有权的证明，这再好不过。并且，通过以无数群众为目标的NFT交易的活性，可以扩大对相应实物作品的讨论，提升其市场价值，这本身就很有意义了。不过，我们可以通过NFT与艺术的相遇，从更加本质的层面触碰这一问题。也就是说，如果失去了欣赏和理解艺术本身的心意，只剩下面对NFT的投机与欲望，又该如何？

笔者认为NFT艺术所扮演的角色是正面的。美术作品除了是可以用来欣赏和理解的消费品之外，同时也是可以获得资本利益的优秀的投资品。最终，收藏家们不仅仅因为拥有美术作品所带来的审美喜悦，还受社会地位及收益率吸引才持续地进行投资。这样的资本注入（与所有产业相同）是美术市场成熟与发展的必备要素。因此，以原件认证与所有权证明为首的NFT技术的引入，除了产生加密艺术这一新形式之外，还拥有历史性的意义。此外，NFT还带来了作品交易时史无前例的透明性与变革的机会，我相信这会对构建以资本为后盾的健康美术生态界起到至关重要的作用。

第二章　音乐

● ● ● ●

NFT 在音乐领域也引起了极大的反响。2020 年 6 月至 2021 年 3 月,有 3 万个与音乐相关的 NFT 被出售,其规模达 4250 万美元。在将所有权和版权费视作生命的音乐行业,NFT 能做出贡献的方法是无穷无尽的,在所有的活用之处都有通过 NFT 的赋权。更重要的是,NFT 给予了艺术家们从自身创作的作品中获得合理报酬的权利,也给粉丝们提供了能够和自己喜欢的艺术家建立特别关系的机会。

艺术家们得到合理的报酬了吗?

过去,通过 CD 专辑或数字音乐下载的方式销售专辑与歌曲的艺术家们能够拿走在音乐行业创造的收益的很大一部分。但随着全球音乐消费者的收听方式变成了流媒体,艺术家能够收到的收益大幅缩减。

2021 年 4 月,保罗·麦卡特尼(Paul McCartney)、凯特·布什(Kate Bush)、Shy FX 及 Kano 等超过 150 名英国著名音乐人向

时任英国首相鲍里斯·约翰逊（Boris Johnson）发送声明书，声明书的内容是在以流媒体服务为主，快速变化的音乐市场中，音乐人能站稳脚跟的地方正在减少，他们收到的钱少得离谱，需要从政府层面立法，对音乐人进行保护。流媒体服务产生的销售额中，能回到音乐人手里的仅仅占 15% 左右。考虑到通过电台将新的音乐展示给大众时，音乐人可以拿到销售额的 50% 这一点，流媒体时代的报酬低得非常不合理。

2014 年，美国朋克乐队 Vulfpeck 为了表示对这种不合理的结构的反抗（也是为了筹集乐队当时正在准备的巡演所需资金），拜托粉丝们做一件事。他们希望歌迷们睡觉时在最火爆的流媒体服务平台 Spotify[①] 上无限循环自己的专辑 *Sleepify*，该专辑收录了 10 首什么声音都没有，只有沉默在流淌的歌曲。当时，只要消费者听一首歌 30 秒以上，就会被平台视作播放过，所以专辑里的每首歌都是 31 秒。按每播放一次，Vulfpeck 能够从 Spotify 收取 0.007 美元的版权费计算，如果一名粉丝晚上将此专辑播放 7 个小时，Vulfpeck 就可以获得 5.88 美元。

Vulfpeck 的这种请求可以看作为了吸引人们关注而进行的炒作或是令人哭笑不得的闹剧。但这也从一个侧面反映出，音乐人与粉丝们的地位正在下降，音乐产业正在被主要的流媒体公司与大型唱片公司（音源经纪公司）这样的巨头逐步定型并整合。

---

① 一个流媒体音乐服务平台。——编者注

3LAU 创新性的尝试

NFT 能在这种市场结构中将力量与权利归还给音乐人和粉丝。区块链的去中心化原理也能够适用于音乐市场。也就是说，不通过拿走了音乐产业里创造出的有限的经济馅饼中的大部分的流媒体公司与唱片公司，而是给予音乐最终的生产者与消费者——音乐人与粉丝力量，让音乐市场两方当事人间的关系变得更加特别和紧密。

主导着 NFT 音乐领域的音乐人当数世界级音乐人 3LAU。他认为区块链能够解决很多因为版权费而变得复杂的音乐市场中的问题，因此将自己的歌曲与专辑都代币化后进行出售。尤其是他将音乐通过 NFT 售出时，会活用本人可以自由设置销售方式和报酬体系的方式，根据中标者的出价排名，准备了多种奖品。这是现在的"中央集权式"音乐产业难以想象的极具创意的方式。特别是其将畅销专辑《紫外线》（*Ultraviolet*）代币化后拍卖时，一夜之间即获得 1168 万美元的收益。

3LAU 与 NFT 的结合，直截了当地展示了被排斥在唱片公司或流媒体平台这样的专业中介之外的亲音乐人环境中，音乐活动会给到音乐人多大的决定权与经济上的报酬。即，NFT 能够帮助音乐人再次站到音乐产业的中心（关于 3LAU 的话题会在第三部分继续）。

打破音乐人与粉丝的界限

在赋权给音乐人的同时，NFT 在音乐产业里能够发挥的另一个作用是提供让音乐人和粉丝的关系变得更紧密的机会。NFT 音乐界的名人除了3LAU之外，还有一位名叫RAC的制作人兼作曲家。作为美国格莱美奖获奖者，RAC在很久之前就开始关注区块链，并寻求着音乐与NFT的交点。

2020年10月，RAC发行了遵循ERC-20标准的名为$RAC的专属社群代币[1]，希望与粉丝共享更加亲密的体验（第五部分会详细讲解社群代币）。他向Patreon[2]和Twitch[3]上的忠实粉丝发行了$RAC。拥有$RAC的人有权访问他的私密Discord[4]频道，并拥有与RAC相关的商品和产品的折扣权，等等。也就是说，$RAC代币提供了让RAC与目前或未来的粉丝以更直接的关系形成社群的机会。RAC通过$RAC打破了音乐人与粉丝间的界限，使两方一起构建更好的系统，创造所有人都能从中受惠的世界。

当然，NFT与音乐的结合并不仅仅有正面视角，如果在没有准确理解NFT的情况下就冲入市场，就可能会导致意料之外的社会层面、法律层面的问题。比如，将代币化的音乐与相关经历认作投机性的资产时，这就不是音乐人所希望的创造与沟通的窗口，而可能沦落为欲望的沼泽。此外，像Youtube和Spotify这样能以低廉价格接触到音乐相关内容的环境已经形成，在这种情况下，通过有些复杂的NFT进行音乐内容的流通是否具有现实性，也是需要认真考虑的问题。

从某个方面看，NFT没什么特别的，它只是新的技术—文

---

[1] https://blog.ourzora.com/home/introducing-rac
[2] 美国的一家艺术类垂直众筹网站。——编者注
[3] 一个面向视频游戏的实时流媒体视频平台。——编者注
[4] 一款游戏聊天软件。——编者注

化时代，即技术主导的文艺复兴时代的数字工具之一而已。怎么利用它取决于我们。它带来了音乐人能够进行更加自主的作品活动，获得合理的报酬，并以自己喜欢的方式与粉丝形成关系的时代，也带来了粉丝能够向音乐人直接投资并共享成功的时代。最终，这种21世纪的文艺复兴并不盲从于区块链这样的新技术，而是取决于我们自身对文化和艺术的理解、判断与构想。因此，NFT不是单纯的技术革命，而是一种时代精神，一种以人为中心的时代精神运动。

第三章　藏品

　　当自己想要收集的物品是世界上唯一的或是限量的存在时，我们就会对其稀缺性感到痴迷，有着更大的投资热情。对艺术、游戏、体育纪念商品等收藏品的投资被称为"热情投资"的理由也正是如此。但在具有 4500 亿美元规模的全球藏品市场的人气背后，也确实存在认证问题、诈骗、金融管制问题等多种痼疾。而现在，不需要对对方（例如服务提供者）的信赖，也可以通过智能合约成功完成交易。对以"无信任"（trustless）为基础的区块链技术能够解决这些问题的期待感正在变强。NFT 的基础区块链技术与想要拥有稀缺性的人的本能的相遇，也正是 NFT 藏品市场迅速成长起来的理由之一。

主导市场的 NFT 藏品

　　NFT 在 2021 年 5 月初创下了 1 亿 200 万美元的日交易额纪录，成为全世界的话题。其中 1 亿美元左右的交易都是在 NFT 藏品市场中产生。2021 年第一季度，多亏了像 Beeple 这样的巨额交易，

NFT美术占据了NFT市场总交易额中最大的比重，独占了舆论焦点。但2021年6月，NFT藏品占到整体NFT交易额的75%左右，改变了市场版图。此外，在NFT周交易额逼近3亿4千万美元的8月初，其中竟然有2亿美元左右的交易来自加密朋克，让人实际感受到NFT藏品飞涨的人气。2021年下半年，说NFT藏品（和NFT游戏）引领着NFT市场也不为过（这里要说清楚一点，没必要让NFT美术和NFT藏品的概念完全互斥。比如加密朋克虽然在社会传统观念上被分类为NFT藏品，但也有人认为其具有艺术性，可以被视为NFT艺术）。

NFT藏品有着极高交易量的理由是什么呢？比起一次销售后普遍被拥有很长时间才会再次被交易的NFT美术品，NFT藏品大部分都会形成对相应收藏品进行活跃讨论的社群，有着很好的流动性。正如在加密朋克收藏中，如果拥有了一个自己很满意的朋克的话，就会想要更多的朋克一样，一位收藏家希望拥有同一系列中一个以上藏品的情况并不少见。

NFT收藏家这么做是有很多理由的。比如说想要收集一个系列中拥有特殊属性的各类藏品，或者说判断出某藏品未来价值会上涨，就大量购买相似的藏品。这样的收集诱因和收集实物棒球卡牌或篮球卡牌的人的理由并没什么不同。

体育领域的人气藏品

目前人气最高的NFT藏品是像体育或加密这样以特定文化为主题的。比如加密朋克尤其吸引很久之前就开始关心区块链与虚拟资产的"原生"加密人士。本书的其他章节会详细讲解像加密朋克或加密猫这样的加密藏品,因此在这里只讲与体育相关的人气藏品。

2021 年尤其火爆的 NFT 藏品项目有 "Sorare"。它是可以交换特定赛季足球运动员的公认藏品卡片的平台,用户可以根据各卡片特有的可收集魅力、在被称为 "SO5" 的 Sorare 的梦幻足球游戏里的价值,以及在第三方游戏中的价值来收集卡片。这里的 "各卡片特有的可收集魅力" 是指每张卡片都拥有自己的魅力水平(例如相应选手、序列号、国籍、俱乐部等),因此对其他人来说也有收集的意义。其次,卡片在 SO5 游戏中的价值意味着除了固有的魅力外,收集者也可以利用卡片参与到 SO5 游戏中,每周都可以获得奖励。最后,卡片在第三方游戏中的价值是指其价值并不仅限于 SO5 中,而是在多个平台及游戏中都可以互通。

图 2-2　**NBA Top Shot**

出处:NBA Top Shot 官网

第二部分 形成 NFT 新经济的各种产业

但不管怎么说，最近最热门的体育 NFT 藏品项目还是 NBA Top Shot。NBA Top Shot 是由制作加密猫而闻名的 Dapper Labs 公司在 2019 年 7 月与 NBA 联名上市的 NFT 卡牌交换平台。他们从交换实物篮球卡片中获得灵感，将各种 NBA "瞬间"（moments），如 NBA 选手令人称奇的比赛片段或是游戏中的精彩画面，做成 15 秒的视频，制作成 NFT 交换卡牌（交换卡牌是拥有每年 5 至 6 万亿韩元市场的藏品市场的一部分）。实物篮球卡片限制于无法运动的图像，而数字篮球卡片则着眼于丰富的、动态的视频这一点。

NBA Top Shot 的卡片通过 Dapper Labs 自己的区块链发行，每个 NFT 不仅有"瞬间"的视频，还包含该球员的比赛统计、打法分析、亮点说明、球场内拍摄的视频等各种相关信息的元数据。

这些瞬间被分为几个等级：普通（common）、稀有（rare）、传奇（legendary）、终极铂金（platinum ice ultimate），还有创世终极（genesis ultimate）。随着等级的升高，其稀缺性与价值就会增加，具有历史游戏中的亮点或是最佳选手、传奇选手等粉丝喜欢的特征。另外，每个等级发行的版本数上限不同，这是为了保障限量版卡牌在 NFT 市场中拥有相对稀缺性。但就算都是限量版，也不是所有卡片的交易价格都一样。原因在于"数字"。比如，科比·布莱恩特的限量版 NFT 中，版本号为 #24/50 的版本就比其他的版本有着更高的价值，这是因为科比·布莱恩特的球衣号码一直是 24 号。

2020 年 5 月，内测版 NBA Top Shot 向 30 名收集者率先公开，10 月转换为公测版，之后在不到 5 个月的时间里就吸引了全球 10 万名收集者，共达成了约 230 万次交易，人气冲天。对体育粉丝来说，可以永远拥有自己喜欢的 NBA 选手的特别"瞬间"这一点有着很大的价值。通过存储为 NFT 的瞬间，打造同时具有感性与商业价值的展览，真是魅力十足的概念。知名艺术家、网红、主流媒体，甚至 NBA 职业选手，全都是 NBA Top Shot 的忠实粉丝。目前交易价格最高的 NBA Top Shot "瞬间"是勒布朗·詹姆斯灌篮的场面，以 20.8 万美元的高价售出。

你想要收集今天世界怎样的一面，或是生活的哪些瞬间呢？

第四章　游戏道具

●●●●

目前，游戏市场最火热的话题就是"游戏道具"。游戏道具占据全球 1500 亿美元规模的数字游戏市场中约 500 亿美元的极大份额。游戏道具包括游戏中使用的皮肤、装备、消耗品，以及装饰玩家角色或虚拟形象时使用的动画等。预计数字游戏市场之后会持续快速成长，2025 年将达到现在的两倍，即 3000 亿美元的规模。

最近游戏产业动向中最有趣的事实是，从公司层面看，收益来源在改变。过去大部分销售额主要来自玩游戏的权限，比如消费者如果想玩《星际争霸》(*Star Craft*)，就需要在游戏商城购买星际争霸的只读光盘。但现在玩游戏的权限正在迅速转变为免费提供的模式，不用像以前一样花几万韩元购买一款游戏了。像《堡垒之夜》(*Fortnite*)、《英雄联盟》(*League of Legends*)和《炉石传说》(*Hearthstone*)这样的"免费游玩（部分收费游戏）"网络游戏，游戏玩家可以免费下载，或通过简单的注册流程后，就能在网络浏览器中免费开始游戏了。这些游戏在过去几年引领着游戏产业，取得了巨大成功。比如,《堡垒之夜》通过销售游戏道具,每年销售额可达数十亿美元。

免费游玩游戏模式是怎么获得成功的呢?

免费游玩游戏模式

初期的免费游玩游戏模式对游戏内广告收益的依赖度很高。但这种收益模式开始展现出有限的成长可能性,这是因为面向玩家的持续广告投放与优秀的游戏体验在根本上是互相冲突的。在这种情况下,免费游玩游戏模式将目光转移到了游戏道具领域。开发者导入了直接在游戏内销售与游戏相关的道具,或是在游戏制作公司运营的市场中,玩家用游戏币交易道具时收取一定手续费的创造收益的模式。

实际上,游戏道具是非常有效的收益来源。游戏道具使玩家可以改变游戏里本人养成的(或者自己本身)角色的样子,或是调节能力值形成自己专属的特性,或是意图在游戏社群中谋求身份的提升,可以更有效率地完成难度更高的任务。因此,玩家对游戏道具的重视程度会越来越高,也就进入了会立即购买的良性循环。

但是从游戏开发者的立场上来看,向玩家持续提供购买道具的激励,形成健康的游戏道具经济并不容易。一般来说,游戏内销售的道具,其所有权属于游戏公司。即,玩家购买游戏道具,只是购买了公司拥有的游戏道具的使用权。因此(根据公司方针和国家法律有所不同),一般来说收取现金将游戏道具出售给其他用户是被禁止的。另外,大部分情况下,购买的游戏道具并没有可以出售变现的市场空间，因此让用户持续对游戏道具产生兴趣并形成健康的游戏道具经济是非常困难的。

区块链技术通过改变游戏道具的运营方式，解决了这样的困难。随着基于智能合约的NFT的登场，用户可以将游戏道具以代币形式购入，放进自己的数字钱包内持有，从而拥有对自己购买的道具的支配权。这是降低购买游戏道具的心理和经济壁垒的划时代的变化。代币化的游戏道具不仅可以通过市场轻易地出售，而且能在NFT兼容的情况下，在各种游戏或是元宇宙平台中使用，提高了效用性[1]。

随着免费游玩游戏逐渐引入NFT，不仅仅是大型游戏制作公司的开发者，小型游戏开发者也通过Enjin（恩金）这一平台，以低廉的价格轻松加入游戏经济的形成中。特别是代币化的游戏道具在玩家间再销售时，开发者能够自动收取交易金额的一部分作为手续费，这一系统对开发者来说是十分有吸引力的激励。活跃应用NFT的免费游玩模式游戏有《九王国编年史》（*Nine Chronicles*）、《失落遗迹》（*Lost Relics*）、《小镇之星》（*Town Star*）、《分裂之地》（*Splinterlands*）和《王国联盟》（*League of Kingdoms*）等。

在这里稍微停一下，再深入了解一下前面提到的恩金吧。恩金可以说是最近在NFT游戏道具领域起到最重要作用的平台。恩金团队利用NFT，为所有人提供了可以轻易开发、买卖、宣传游

---

[1] 像这样将游戏道具以代币形式直接拥有并进行自由交易，能在各种平台上使用的属性叫作"开放生态系统"。这是与以前的游戏开发公司想要独占游戏道具权利的"封闭花园"相反的概念。——作者注

戏道具的工具、市场以及社群。因此一般认为，恩金与其说是公司，不如说是提供并共享复合型服务的巨大生态系统。

恩金在2009年成立于新加坡，作为游戏玩家的平台，一开始提供的是与区块链或NFT毫无关系的Enjin Network。这是一项帮助个人用户制作游戏相关网站、论坛、玩家应用程序的服务。恩金于2017年进军NFT市场。恩金的联合创始人兼首席技术执行官维泰克·拉多姆斯基（Witek Radomski）创建了一个关于将NFT搭载以太坊区块链的技术构造，为如今发行NFT时使用最广泛的ERC-721标准的确立做出了巨大贡献。此后，维泰克率先开发了以更低廉的价格发行NFT的方法，最终在构建像ERC-1155这样的新NFT基准时起到核心作用。

边玩边赚游戏模式

未来的游戏产业会朝着什么方向发展呢？NFT在其中又会扮演怎样的角色呢？虽然不能轻易断言，但笔者相信，NFT创造出的"边玩边赚"的新概念模式会改变游戏界。

从以前的收费游玩模式发展到如今的免费游玩模式，边玩边赚模式将是更进化一步的游戏形态，是希望为提高游戏的价值做出贡献的所有参与者都应该从中受益的民主的哲学。某个游戏收获人气，为用户提供了适合游玩的环境，为了提高价值，一定需要亲自玩游戏的人的时间与努力。为了让这些用户的时间与努力得到合理的报酬，需要形成健康的游戏经济。

当然，大部分用户是为了收获成就感和娱乐这样的积极效用，而自发玩游戏的。但他们对游戏的成功做出了很大的贡献。如果游戏制作者和用户能分享游戏产生的收益，达到双赢的话，不是很好吗？特别是考虑到当今不管政治还是经济上都很重视公正与民主，在提高游戏价值方面起到更重要作用的用户应该得到更多报酬的主张，也得到越来越多的响应。

那么，现在有很好地实现边玩边赚模式的游戏吗？

实际上，要把基于 NFT 的游戏明确分为免费游玩或边玩边赚并不容易（也没有特别区分的必要）。这是因为很多基于免费游玩模式的游戏，在某种程度上也具有边玩边赚模式的要素。例如，用户将在游戏中成功完成特定任务时获得的 NFT 游戏道具通过市场出售给其他用户，就满足了"赚"的目的。其中，被认为在建立边玩边赚游戏经济方面起到先驱作用的游戏，是 2021 年夏天点燃 NFT 市场的 *Axie Infinity*。当时，每每讨论 NFT 市场的动向时，我们总会谈到巨额 NFT 美术作品的交易量虽然减少了，但 *Axie Infinity* 这样的游戏的每周用户数量却连创最高纪录，成为更为人所熟知的名字。

虽然第三部分会更详细地对此游戏进行说明，但我想先举个简短的例子。*Axie Infinity* 用户在游戏中培养名为"Axie"的宠物妖怪并让它们参与战斗，获胜时，会获得叫作 Small Love Portion（SLP）的基于 ERC-20 的代币。获取 SLP 的方法除此之外还有很多种。用户可以使用 SLP 使 Axie 进行交配，也可以在像币安（Binance）这样的交易所进行交易。这类为用户对游戏投资的时间与努力提供金钱报酬的系统，从中长期来看，是吸引更多用户，让游戏具有活性，并持续提高游戏价值的方向。

在从传统的付费游玩转换为免费游玩模式的今天，NFT 正在跨越国境，以更具创意和自主性的方式，推动游戏经济的形成。这也是很多人把游戏看作 NFT 市场的未来的理由。

第五章　数字不动产

● ● ● ●

NFT 和数字不动产有着紧密联系，这个市场比我们想象中要大得多。NFT 数字不动产中最著名的，是 2017 年开始于以太坊的元宇宙平台 Decentraland[①]。该平台与加密朋克及加密猫一起被分类为始祖 NFT 软件。

具有代表性的 NFT 数字不动产软件 Decentraland

用户们能够以虚拟形象在 Decentraland 的虚拟 3D 世界中随意走动，也可以使用被称为"MANA"的基于 ERC-20 的代币，购买名为"大陆"（LAND）的 NFT 数字地皮。对大陆的所有权也会被记录并存储于区块链上，用户可以在拥有的地皮上修建想要的建筑，也可以和其他用户进行交易。以 2021 年 6 月为准，通过 Decentraland 的数字地皮买卖规模超过了 6300 万美元，其人气不可小觑。

[①] 构建于以太坊区块链上的虚拟世界，是一种非同质化数字资产。——编者注

MANA 可以在币安、Kraken[①]、芝麻开门（Gate.io）这样的普通加密货币交易所内买卖。2020 年初，1 个 MANA 代币的价格仅仅为 2 至 4 美分，但在 2021 年 4 月就暴涨到了 1.5 美元，经过价格调整之后，MANA2021 年 8 月的交易价格稳定在 70 至 85 美分。可以说，随着 MANA 的价格上升，更早参与到 Decentraland 的人群，即更早拥有 MANA 的人会从中获利。

过去两年多以来，MANA 代币的价格上涨了几十倍，这一事实表明，用户正源源不断地聚集到 Decentraland 社群，未来 Decentraland 会在 NFT 及元宇宙社群中起到很大的作用。实际上，Decentraland 团队以 MANA 作为交换条件进行筹资时，不到 1 分钟就筹集了 2600 万美元。

Decentraland 中不仅存在美术馆、赌场这样丰富的建筑，还会开展时装秀等活动以及寻宝之类的各种社群活动。那么，谁来管理这个虚拟世界呢？正是社群。重申一次，Decentraland 不是一个中央组织，而是属于积极参与 Decentraland 的"任何"用户。用户们利用去中心化自治组织（Decentralized Autonomous Organization）智能合约，一起决定如何治理及发展 Decentraland。比如，就地产交易或是否许可特定内容的问题提出提案并进行投票时，为了防止产生垃圾投票或随机投票，只有 MANA 的所有者才可参加。

为什么数字不动产在 NFT 世界中承担了重要角色？这是因为艺术家、收藏家、加密专家们通过 Decentraland 这样的 NFT 数字不动产平台，共享与 NFT 相关的各种信息，交易 NFT，并讨论元

[①] 一家总部位于旧金山的数字货币交易所。——编者注

宇宙的发展方向。

像 SuperRare、MakersPlace、KnownOrigin 这样数一数二的 NFT 艺术市场，均在 Decentraland 里开设画廊，进行美术作品的展览与销售，无数加密艺术家也通过多种形式的虚拟画廊宣传自己的作品。此外，制作 NFT 音乐的艺术家们在 Decentraland 中举办音乐节或作品发表会等，宣传自己的音乐。用户也可以将朋友邀请到在自己购买的数字土地上建造的属于自己的家里，讨论各种各样的话题，度过愉快的时间。

如果你拥有加密猫或者 Meebits 这样的 NFT 藏品的话，有一个好消息！这类藏品也与 Decentraland 兼容，你可以将这些独特、帅气的藏品在元宇宙上向更多人展示。NFT 数字不动产连接起了在虚拟世界中交易的各种 NFT，以及有兴趣的收藏家和参与者们，起到了帮助各种 NFT 以新形态发展的润滑剂的作用。

经济崩塌的元宇宙世界与现实世界

虽然 NFT 不动产是和 Decentraland 一同开始的，但之后，各种元宇宙平台的登场形成了一个巨大的元宇宙世界。美国的代表性 NFT 数字不动产平台沙盒中的土地交易金额超过了 2300 万美元，另外两个平台 CryptoVoxel[①] 和 Somnium Space[②] 也各自超过了 1100 万美元和 1000 万美元。所有用户都可以在数字世界中购买土地，也可以像现实中一样将拥有的土地进行开发或保留为未开发区域。自己拥有的建筑可以对所有人开放，也可以限制出入。这

---

① 一个构建在以太坊上的虚拟世界，致力于打造艺术性社交场地。——编者注
② 一个基于区块链技术的社交型 VR 虚拟世界。——编者注

就是元宇宙里的世界和现实世界看起来并没有什么不同的原因。

从投资数字不动产的专业投资公司也开始参与进来的事实中，也可以得知元宇宙内的世界与现实世界正在逐渐靠近。专门投资实物不动产项目和IT初创企业的公司Republic设置了名为"Republic Realm"的数字不动产专属基金，并将资金投资于Decentraland和沙盒等元宇宙平台中的不动产。有趣的是，和普通的实物不动产开发企业相似，元宇宙世界中的数字不动产开发项目也在进行中。购入宽广的（数字）土地后修建商场，商场里正在进行向服装、餐饮企业、游戏开发公司及艺术家们出售门面或是数字广告牌，并实际收取租金的项目。合作企业们可以将自己的商品或是服务通过商场里的门面或广告牌进行宣传，宣传的对象不一定仅仅是NFT商品，也不一定是只在线上销售的产品，比如多米诺比萨。2021年6月，Republic Realm花费90万美元，在Decentraland中购买了259块（Parcels，交易数字土地时使用的基本单位）数字土地，创下当时单日数字不动产交易金额记录。

元宇宙与现实世界间的界限变得模糊，也可以通过苏富比2021年6月在Decentraland中开设虚拟画廊得以确认。苏富比在Decentraland中的艺术活动发源地——伏尔泰艺术区设立的虚拟画廊，完全仿照位于英国伦敦新邦德街的苏富比画廊。这是苏富比为了宣传2021年6月的NFT拍卖"Natively Digital：A Curated NFT Sale"而开设的画廊，在那场拍卖会上，第7523号加密朋克以1180万美元的创纪录高价成交，吸引了人们的关注。

苏富比不认为这个虚拟画廊是一个临时的活动，而是期待它成为与艺术家及收藏家合作的通道。除了宣传通过苏富比拍卖的数字艺术作品之外，这里也可以成为各类元宇宙参与者们一起描绘加密艺术的发展方向、听取他们意见的对话窗口。

韩国的情况如何？

那么韩国的情况如何呢？虽然还没有像 Decentraland 这样提供将数字不动产 NFT 化服务的平台，但认识到元宇宙与 NFT 间密切关系的人们正在通过各种各样的方式，试图将它们最终融合在一起。

Naver Z 的 Zepeto

被我们所熟知的"Zepeto"是 Naver[①] 子公司 Naver Z 开发的面向全世界的元宇宙平台。在 Zepeto 提供的元宇宙世界中，用户们可以利用自身的虚拟形象享受游戏、社交活动及增强现实（AR）内容等。截止到 2021 年，该平台拥有 2 亿以上的用户，其猛烈发展的势头是世界性的。特别是用户可通过 AR 及 3D 技术将自己的脸制作成 3D 虚拟形象，超越年龄、性别、人种、地域，与全世界各种各样的用户沟通交流，访问 Zepeto 提供的各种场所，享受丰富的内容，这是该平台的巨大魅力。

Zepeto 在 2021 年 5 月与沙盒达成合作，准备进军 NFT 领域。两个平台想要通过这次合作实现互操作性。在 Zepeto 元宇宙中出现了以沙盒为主题的区域；同样的，沙盒内也会建立起名为"Zepeto 世界（Zepeto World）"的地方，让人们在沙盒里感受 Zepeto 平台的样子。此外，各平台专属的道具和财物在对方平台也有提供，以向用户们介绍并熟悉各自平台。

---

① 韩国最大的搜索引擎和门户网站。——编者注

有趣的是，通过这次合作，第一款 Zepeto NFT 得以上市，同时，其也可以用沙盒里的货币 SAND 购买并在沙盒中使用。虽然 NFT 尚不能在 Zepeto 元宇宙中得到活用，但这是 Naver 向着元宇宙的区块链技术迈出的第一步，有着重要的意义。这一目标也可以从向媒体介绍这次合作相关事项的 Naver Z 相关人士的下列回答中确认。

"这次合作是为了提高 Zepeto 的互通性，与各种平台开展协作的第一个阶段，我们将与沙盒一起持续探索元宇宙与区块链融合的可能性。"[1]

Kakao 的 Klaytn

与 Naver 并称为韩国两大互联网平台的 Kakao 怎么样呢？

有趣的是，和 Naver 相反，Kakao 首先进军区块链及 NFT 市场，确保了相关的专业性后，再计划转移到元宇宙。Kakao 的区块链子公司 Gound X 开发了公共区块链网络 Klaytn，并发行了 KLAY 代币，其手续费低、处理速度快，未来有望被用于各种各样的领域。实际上，有不少企业为了就之后引入 Klaytn 的方案进行探索，而参与到 Klaytn 的治理委员会（Governance Counsel）中。参与该委员会的公司们为 Klaytn 这个平台的技术和事业的方向及提案做出决定，并提出相关建议。Klaytn 代币在 2021 年 7 月有着 3 万亿韩元左右的市场，受到市场参与者们的积极评价。

Ground X 的另一个与区块链相关的服务"Clip"是于 2020 年 6 月上市的数字资产管理钱包服务。因其与 Kakao 手机软件联动，

---

[1] http://www.sedaily.com/NewsVIew/22M8A5XEGC

不用下载其他 App（应用程序）就能使用的优点，所以用户数在快速增长，2021 年 7 月已有 100 万以上的用户。

构建了区块链基础设施的 Ground X 将此作为踏板，正式进军了 NFT 市场。宣告进军开始的是 2021 年 5 月上市的 "KrafterSpace"。此服务是任何人只要上传图片或视频等数字内容，就可以立即发行以 Klaytn 为基础的 NFT 标准 KIP-17 代币。如此一来，就可以在世界最大的 NFT 市场 "OpenSea" 中交易相应的 NFT 了。

在此基础上更进一步的是前面提到过的 2021 年 7 月上线的"加密发行"。加密发行不仅限于将各种各样的数字作品代币化，包括广告和流通都由 Ground X 来提供支持。Ground X 通过内部审查，选定艺术家与创作者，将他们的作品记录在 Klaytn 上，制作成限量版数字作品，在加密发行这一平台上流通并销售。Ground X 方面介绍说，加密发行可以通过 Kakao 轻松进入，可以提高用户们对作品的理解度，并很容易吸引他们购买。如果说 KrafterSpace 是基于 Klaytn 的任何人都可以制造 NFT 的服务，加密发行就是和 Ground X 提前协商好，只为受邀艺术家提供发行作品的机会。

Kakao 目前为止还没有对元宇宙提出一个明确的详细计划。但正如它在夯实区块链和 NFT 市场的技术一样，之后进军元宇宙世界并结合这种技术，是专家们的共同意见。可以说，这是和虽然已经在元宇宙市场崭露头角，但还没有转换为基于区块链的系统的 Naver 相反的前进方向。不过，两者只是顺序不一样而已，基于区块链的元宇宙，以及构建这种空间时所需组成要素的代币化（NFT 不动产应用软件或类似形式的所有权体制）是韩国两大互联网平台 Kakao 和 Naver 不可动摇的前进方向。

专　栏
元宇宙中 NFT 的文化融合现象

闵文浩（音译）
（株）Awesomepia 首席执行官 / 成均馆大学媒体文化融合研究生院兼任教授
韩国人工智能伦理学会常任理事，韩国杂志媒体融合协会理事

文艺界巨匠史蒂文·斯皮尔伯格（Steven Allan Spielberg）导演的电影《头号玩家》（Ready Player One）将奇思妙想的世界变成现实！阴暗的 2045 年，在与现实不同的元宇宙空间"绿洲（OASIS）"中，任何人都可以通过专属虚拟形象穿梭于过去、现在和未来，与艺术作品中的人物见面并和他们交流。电影中的绿洲在现实中被命名为元宇宙，在美国主要大型科技公司（谷歌、苹果、微软、亚马逊、脸谱网等）的主导下，被打造成由 C（内容）、P（平台）、N（网络）、D（设备）构成的生态系统。

元宇宙目前以游戏与娱乐产业为中心，MZ 世代[①] 已经成为市场

[①] 指 1980 年至 2000 年这一阶段出生的人。——译者注

第二部分 形成 NFT 新经济的各种产业

的核心，期望以后会扩张到制造、医疗、建设、教育、流通等所有领域。也就是说，在不远的将来，不仅是 MZ 世代，所有时代的人都将在元宇宙中进行社会、经济、文化活动。根据世界著名咨询公司普华永道（PwC）所说，到 2030 年，元宇宙市场会达到 1700 万亿韩元的规模。元宇宙已经悄然靠近我们身边，到了该认真考虑我们的角色、我们现在所做的事，以及应该如何配合元宇宙时代进行发展的时候了。

元宇宙相关产业想要持续成长，最为必需的要素是什么？当然是健全的经济活动，即在虚拟世界中，个人努力的代价应该被认证成只属于自己的所有权，这是最基本的。达成这一点的前提条件则是我在虚拟世界中的资产必须能够转换为现实世界中也通用的货币。只有这样，元宇宙生态系统才能够扩张，才能成为互联网之后真正的最强者。能满足这种环境的技术就是基于区块链的 NFT，按照目前的趋势，NFT 应该会成为元宇宙的核心。

因 NFT 的发展而受益的产业群当数文化艺术。特别是最近，我们从美术品上可以看到其影响力。埃隆·马斯克的恋人格莱姆斯的数字艺术作品卖出了超过 60 亿韩元的价格，以 Beeple 这一艺名活动的艺术家，其 304MB 容量的作品在纽约佳士得拍卖行以 770 亿韩元的价格成交，轰动一时。当然，从这一系列的事例来看，目前 NFT 市场的情况不太正常。从部分富豪与相关人员可能造成市场泡沫、给普通人造成违和感的层面来说，未来，在 NFT 产业落地的过程中，可能会经历无数次试错。

然而，由于 2020 年开始的新型冠状病毒肺炎疫情的影响，从事旅游、文化、艺术等行业的很多人都经历了经济上的困难，元宇宙的可能性与潜力就像是一根救命稻草。能让元宇宙中的经济活动顺畅进行的媒介正是NFT。像电影《头号玩家》中一样，我们很快也会戴上XR设备，进入艺术作品中，听变身成数字人类的创作者进行作品讲解，和作品主角进行充分交流后，购入数字艺术NFT。

元宇宙与NFT正在设计时间、空间和人类，然后一同进化！现在，这两者已成为无法分离的共生关系。为了使两者之和朝着更有意义的方向有影响力地发展，不仅是民间企业，政府的关注与支持也是迫在眉睫的事情。到2030年，元宇宙会形成全球1700万亿韩元的市场，这个冉冉升起的新兴市场的主角会是谁还未可知。

PART 3

第三部分
关于 NFT 制作的一切

第一章　NFT市场份额比较
● ● ● ●

NFT市场中存在着各种各样的市场板块。在本章中，为了更有效率地进行说明，我们将研究在最基本、最经典的，基于以太坊的市场中，NFT是怎样进行交易的。实际上，这是一个进行比较分析的优秀出发点，因为目前大部分的NFT是用基于以太坊的ERC-721代币来进行交易的。

虽然基于以太坊的NFT市场的分类方式有很多种，但大体上可以根据用户是否能通过平台亲自制作与出售NFT，将其分为用户生成的和非用户生成的两类。各市场中交易的项目可以分为美术品、收藏品、游戏、分散式金融商品、效用代币（对某项服务具有使用权限的代币）、元宇宙、体育等。这些项目区分具有某种程度上的随意性，正如前文提到过的加密朋克究竟应当分类为收藏品还是艺术品的意见分歧一样。在本书中，为了方便表述，决定采用目前社会普遍通用的分类方式。例如，加密朋克比起艺术品更像是收藏品，本书即将其视作收藏品。

第三部分 关于NFT制作的一切

用户制作的NFT市场份额

用户制作的NFT市场主要交易的是图片、音频及视频形式的作品。根据"公开"的程度，可将此部分NFT分为无须许可型（permissionless）、部分筛选型（semi-curated）和完全筛选型（fully-curated）这三类。

无须许可型NFT市场

在无须许可型NFT市场中，所有人都可以方便地上传媒体文件，并发行为ERC-721或ERC-1155形式的代币。典型例子是Rarible、OpenSea、Zora[①]等，这些平台可以交易美术品、虚拟土地、收藏品、游戏及音乐等类型的NFT。每个市场都有不同的交易项目和用户界面，用户们根据观感和希望交易的项目，寻找适合的平台即可。像这样有着多种选项的魅力是无须许可型市场的优点。

它们也以进行各种推广活动而著名。比如，Rarible每周会向参与交易的用户发放名为"$RARI"的自我管理代币，鼓励用户使用平台，并参与管理决策。用户们可以将收到的$RARI代币用来购买NFT，或是在著名去中心化加密货币交易所Uniswap这样的网站中兑换成以太币。这种制度从这一点上来看，被认为是非常成功的推广。

部分筛选型NFT市场

部分筛选型NFT市场中主要交易的是NFT美术品，其特征是需要收到邀请或是有许可才能够上传作品。这种市场的典型例子

[①] 一个使用开放的链上协议来管理NFT的NFT交易平台。——编者注

是Foundation[①]和Blockparty。在Foundation中出售作品的创作者会得到能够邀请其他创作者的邀请码，参与Foundation的大门由此逐渐打开。Blockparty的特点是创作者们可以在网上创建属于自己的店面。通过了注册及实名认证流程的创作者可以在自己的店铺展示并出售NFT作品。比起无须许可型市场，这里只经营少数玩家的作品，从收藏家的立场来看，此平台具有提供更高水平的艺术体验的优点。

完全筛选型NFT市场

完全筛选型NFT市场的代表有SuperRare、Nifty Gateway、MakersPlace、KnownOrigin及Crpyto.com等。这类平台专注于NFT美术作品交易，只有被选中的创作者才被赋予上传作品的权限，因此作品的整体水准很高。但是，由于申请者数量众多，因此筛选过程需要很长时间。这种市场只面向特定群体的创作者和收藏家运营，从这一点来看，恰似传统美术市场中的艺术画廊。

非用户制作的NFT市场份额

非用户制作的NFT市场是一种用户们只能购买特定区块链公司制作发行的NFT的平台，其特点是能够交易的NFT的数量主要由公司提前决定，拥有活跃的Discord社群和Twitter关注者。由于公司是平台中心，因此这类市场主要交易的是NFT收藏品，特别是像加密朋克这样包含着NFT的诞生与发展足迹的始祖NFT项目，它们专属的特征、外貌和稀缺性让收藏家们为之疯狂。现

[①] 采用社群主导和自动限时拍卖机制的NFT交易平台。——编者注

在，人气最高的 NFT 收藏品有加密朋克、加密猫、Meebits 及 Avastars 等。

代币化的体育藏品是时下在非用户制作 NFT 市场中交易最盛况空前的种类之一，具有代表性的市场有 NBA Top Shot 和 Sorare。2021 年初独占媒体关注，直到当年 8 月中旬仍然有不可小觑的交易量的 NBA Top Shot 是 NBA 与 Dapper Labs 联合上市的平台，让 NBA 粉丝们能够收集并交易 NBA 亮点视频。由于其具有收集到一定数量的视频后会产生奖励的游戏型要素，所以能吸引用户们反复交易。Sorare 则是给予足球粉丝官方许可，让他们能够以 NFT 形式交换足球选手卡牌的平台。用户们集齐一定数量的卡牌后可以获得奖励。另外，此平台还支持一款名为 SO5 的梦幻足球游戏，让用户们能够作为经理人运营虚拟足球队。全世界都关注着以 NBA Top Shot 和 Sorare 这两个平台为首的 NFT 体育藏品市场。

还有一个不能漏掉的领域是游戏。特别是《众神解脱》(*Gods Unchained*) 和 *Axie Infinity* 这类边玩边赚游戏，是最近 NFT 市场中的香饽饽。顾名思义，边玩边赚游戏是"为了赚钱而玩的游戏"，是能够将游戏中的资产转换为现实资产的市场。用户（游戏玩家）们可以将 NFT 形式的游戏道具拿到 OpenSea 这样的无须许可型 NFT 市场中换成加密货币。像这样通过外部交易所将游戏道具换成加密货币，最终变现的特点，是此类游戏与传统线上游戏最大的区别，尤其是风靡一时的 *Axie Infinity*，通过被称作"Axie"的角色进行游戏，它为因新型冠状病毒肺炎疫情而面临巨大经济困难的无数人提供了重要（甚至是唯一）的收益来源。

目前，NFT越过国境，形成了以文化共同体为首的巨大生态系统，我们需要考虑怎样将其社会影响力向着更加良性的方向拓展。NFT在极短的时间里从夹缝市场成长为主流，更重要的是，成长为反映并引领时代精神的数字微观宇宙。

元宇宙NFT市场

在元宇宙NFT市场中，用户们主要通过生成虚拟形象进行交流，并联动数字钱包，购买或出售数字美术品、音乐、服装、虚拟土地等丰富的NFT。用户们可以通过用户生成的内容参与经济活动，也可以联动社交平台进行更加亲密的社交活动。这也是许多人关注NFT与元宇宙的结合的原因。

这一市场的主要平台有Decentraland、CryptoVoxel、Somnium Space及沙盒等，特别是顶级艺术画廊也在Decentraland和CryptoVoxel进行陈列。它们为数字艺术家们提供了能够更加自由地展示作品的虚拟空间，这一点极具重要性。强烈建议访问一下Decentraland中的"100xArt District"画廊[1]。

---

[1] https://100x.art/

第二章　亲自铸造 NFT
● ● ● ●

试着在具有代表性的 NFT 市场之一 Rarible 中亲自铸造 NFT 吧。下列图片是在 Rarible 韩文网站中截取的。用作样本图片的作品是笔者儿时创作的彩绘，如果有想要所有权的读者，请告诉我，笔者做好了随时代币化的准备。

来，准备好想要铸造的作品，开始愉快的旅程吧！

图 3-1　Rarible 官网主界面

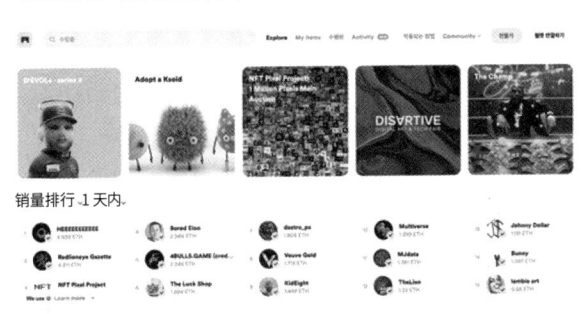

- **第一步**：进入 Rarible 官网，点击关联钱包，这是一个与你的数字钱包联动的过程。就算没有正在使用的数字钱包也不

用担心，新创建一个就行了。作为参考，以"狐狸钱包"著称的 Metamask 是目前 NFT 市场中使用最广泛的数字钱包。

图 3-2　铸造 NFT-1

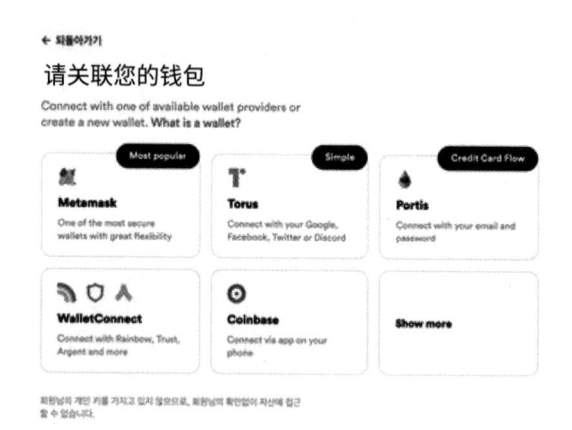

- 第二步：如果你准备好了数字钱包，那么请点击页面右上角的制作按钮。

图 3-3　铸造 NFT-2

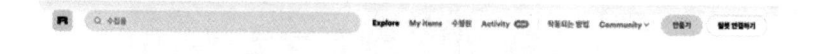

- 第三步：会弹出选择"单个"或"多个"的提问，"单个"是指将作品生成 1 个 NFT，只能出售给一名收藏家。"多个"是指可以生成 1 个以上的复制版本，各自铸造成唯一的 NFT，可以销售给多个收藏家。这时，复制本被称作"版本"。为了方便，我们首先选择"单个"。

图 3-4 铸造 NFT-3

制作收藏品

如果想要销售独一无二的商品,请选择"单个",如果想要将一个商品多次销售,请选择"多个"。

限时拍卖

单个　　多个

没有您的个人钥匙是不能接触您的资产的。

· 第四步:现在,该上传你的文件了。在 30Mb 的限制内,PNG、GIF、WEBP、MP4、MP3 等各种格式的文件都可以上传。上传 MP4 文件时,需要单独上传封面图片,如果跳过这个步骤,作品预览就会是空白的,请注意这一点。一个秘诀是将 MP4 文件转换为 GIF 格式,就能够生成动态预览了。

· 第五步:现在来决定销售方式和价格吧。Rarible 提供了固定

图 3-5 铸造 NFT-4

价格、限时拍卖、不限时拍卖这三种销售方式。一次销售只能选择一种方法，因此要好好考虑。

－固定价格：收藏家只能用你"决定"的价格购买商品。请注意，如果你不小心没有填写价格，那么收藏家们只需要支付以太坊手续费——gas 费，就能够购买你的作品了。此处可以选择想从收藏家那里收到的加密货币的种类，目前能够选择的加密货币有 $ETH、$DAI、$USDC、$RARI、$ASH、$ATRI 等。

图 3-6　铸造 NFT-5

－限时拍卖：意味着拍卖的开始与结束时间是固定的。作为出售者兼拍卖发起人的你需要选择拍卖中使用的加密货币、起拍金额及拍卖期限。请注意，拍卖一旦开始，只要有一个人参与竞拍，就不能再取消拍卖了。

购买者需要满足以下两个条件才能够参与竞拍：第一，竞拍的价格需要高于出售者定下的起拍价格；第二，竞拍的价格需要比当时最高竞拍价高出 5% 或 0.1 以太币。

有趣的是，拍卖结束前最后 10 分钟有新的竞拍出现时，拍卖结束时间会自动延长 10 分钟。那么竞拍者之间就会开始"竞价

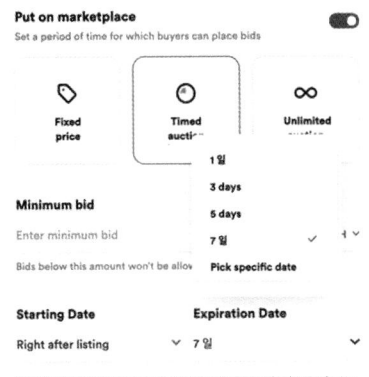

图 3-7 铸造 NFT-6

战",为包括你在内的所有观战者献上一场好戏。

出售者需要在拍卖结束后 48 小时内决定是否接受最高竞拍价格。当最高竞拍价格高于最低拍卖价格时,建议接受竞拍,这可以给收藏家们留下你尊重竞拍系统的印象。最终,这将会提高你在 NFT 世界的风评。别忘了,收到最高竞拍者的成交价格时所产生的 gas 费,需要由作为出售者的你来承担。

- 不限时拍卖:这一方式是作为出售者兼拍卖发起人的你,在出现适当的竞拍价格时选择接受并结束拍卖。一开始并不需要决定最低拍卖价格,因为拍卖会在你理想的时间节点,以你理想的价格成交。这个方法适用于出售者想以市场决定的价格出售商品的情况。比如,当你反复几次上传作品并接受第一个竞拍价格,收藏家之间就会形成对作品价格区间的适当判断,这对你之后出售作品会有所帮助。同样的,以加密货币形式收到中拍者的成交价格时发生的 gas 费需由你自己承担。

图 3-8　铸造 NFT-7

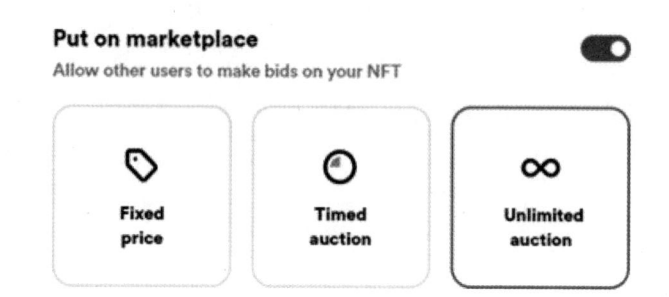

Put on marketplace
Allow other users to make bids on your NFT

- Fixed price
- Timed auction
- Unlimited auction

·**第六步**：下一阶段，要决定是单独制作你的专属系列，还是使用 Rarible 提供的默认系列（Rarible 韩文网站中有"选择收集"这样不知所云的韩语翻译出现，请参考其英文版本显示的"choose collection"）。

这取决于你是想在 ERC-721 的基础上生成 NFT，还是想在 Rarible 提供的大众代币标准 ERC-1155 环境下生成 NFT。点击前者，即"去制作"的话，出售者需要填写更多信息，制作 NFT 时也需要更多以太币。因此，如果是第一次制作 NFT，推荐选择 Rarible 提供的默认系列。实际上，大部分 Rarible 用户会采用这个

图 3-9　铸造 NFT-8

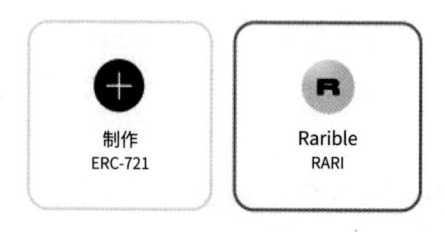

选择收集

- 制作 ERC-721
- Rarible RARI

选项。

- 第七步："购买后解锁"是选填项目，这些信息只对购买者进行公开，是连接你和购买者的特别交流空间。例如，可以提供你的非公开主页网址和密码，附加额外的体验或相关信息，如果你的 NFT 作品也以实物形式存在，也可提供购买折扣。

图 3-10 铸造 NFT-9

然后是输入你的作品名和解释说明。说明部分是选填项目。作品一旦被铸造，相关信息就不能再修改，所以请仔细确认流程和语法。作品的版权费也可以在此决定。你的 NFT 在二手市场再次出售时，你可以获得其销售价格的一部分——作为原作者的你定下的比例。也就是说，只要你的 NFT 存在于这个世界上，那么每当它的所有权发生变化时，均需支付版权费给你。这是给予原

图 3-11 铸造 NFT-10

作者力量的革命性的系统。

版权费一般设置在 10% 左右，但如果你想，也可以设置得更高或更低。无须追踪你的 NFT 在何时、何地，被如何交易，可以永久收取版权费这一点，是通过区块链实现代币化的最大优点之一。

如果点击这里的"更多高级设置"按钮，就会看到可以填写文件种类和大小，以及对作品进行追加说明的空格。虽然是选填项目，但是能给收藏者提供重要信息，所以可以活用。

图 3-12　铸造 NFT-11

如果在之前的第三步中没有选择"单个"，而是选择了"多个"，即你想将自己的原件发行一个以上的版本时，那么在这里可以输入你想要的复制版本的数量（如果在第三步中选择了"单个"，则"复制版本数量"这一项不会出现）。原件的稀缺性与复制版本的数量直接相关，稀缺性是市场中决定价格的重要因素之一，所以请慎重决定。

第三部分 关于 NFT 制作的一切

图 3-13　铸造 NFT-12

版权费　　　　　复制版本数量
10　　　　　　　%　E. g. 10"
Suggested: 0%, 10%, 20%, 30%　Amount of tokens

更多高级设置

- 第八步：如果准备好了，就点击"生成项目"按键吧。

图 3-14　铸造 NFT-13

生成按键

你在浏览器中设置好的数字钱包会弹出窗口。为了将上传的文件转换为 NFT，需要支付手续费，其价格根据区块链网络的实

图 3-15　铸造 NFT-14

093

时通信量决定。需求越多，即等待交易处理的用户越多，挖矿者就越能挑剔地选择要纳入自己区块的交易。因为挖矿者完全是根据市场原则，优先处理手续费高的交易。如果你想要提高 NFT 的铸造速度，可以选择数字钱包推荐的手续费价格较高的选项。

如果你是级别更高的用户，那么可以进入网页 EthGasStation（https://ethgasstation.info）确认你想要的铸造速度和手续费的实时推荐价格。手续费价格是以"gwei"这一以太币的下级单位表示的，1gwei 等于 1 以太币的十亿分之一。手续费是用"gas 量（预计的处理量）×gas 单价"计算的，因此 gwei 值越高，手续费越高，交易速度越快。

图 3-16　铸造 NFT-15

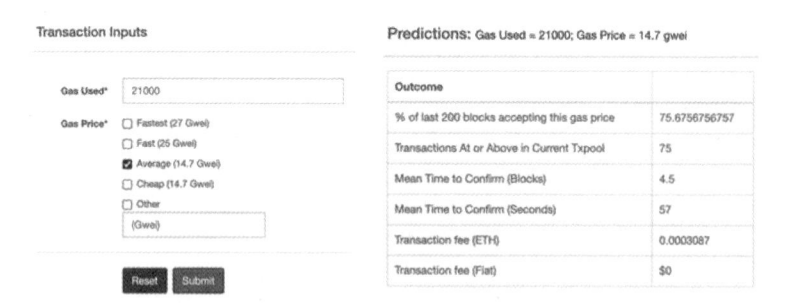

出处：https://ethgasstation.info/calculatorTxV.php

现在，一切准备就绪，最后点击"下一步"按键，你的第一个 NFT 就诞生啦。现在只剩下去社交平台宣传你的 NFT 了，祝你玩得开心！

第三部分 关于NFT制作的一切

* 2021年10月底，Larible推出新功能"lazy minting"。其认为，NFT不是在发行时，而是在交易时进行minting。因此制作方无须缴纳gas费也可将作品（文件）上传到平台上。也就是说，在交易完成之前，作品的数据会安全地储存在IPFS上，在交易时，作品将在区块链上被公开，购买者需支付gas费。另外，开放时也引入了此功能，降低了原作者的进入门槛。

第三章　NFT 制作成功案例
● ● ● ●

Beeple：NFT×3D 图形艺术

与 NFT 一同火爆的加密艺术热潮的中心站着 Beeple。2021 年 3 月发生的那个特别出名的事件，让他的生活发生了 180 度的转变。他的由 5000 个 3D 数字图片组成的 NFT 作品《每一天：前 5000 天》，在佳士得拍卖行拍出了 6930 万美元的价格，是数字艺术作品销售史的顶峰。

实力派平面设计师

Beeple 原名叫迈克·温克尔曼（Mike Winkelmann），来自美国南卡罗来纳州查尔斯顿市，是一位平面设计师。他主要制作短篇电影、VJ Loop（不断循环短视频片段的艺术形态）、VR·AR（虚拟现实·增强现实）作品，也参与过苹果、太空探索技术公司（Space X）、耐克、可口可乐这类巨型企业的广告制作，是履历丰富的实力派。

2007 年，Beeple 有了一个奇思妙想，决定每天在网上发布一件作品。这个项目被命名为"每一天",一开始仅仅是很简单的在纸上速写的形式,但是逐渐变成了利用3D建模软件创作的数字作品。他的作品有时超现实,有时又幽默古怪,或是表现具有话题性的流行文化,或是讽刺荒谬的社会现象,很快,他就成为"大众情人"。从路易威登这样的世界性奢侈品牌,到贾斯汀·比伯(Justin Bieber)、凯蒂·佩里(Katy Perry)、埃米纳姆(Eminem)等人气明星艺人,都希望与Beeple合作。

Beeple在2020年秋季左右第一次听说了NFT艺术。听到相当数量的数字艺术家通过NFT创造了收益,特别是近乎无名的艺术家们也通过NFT这一媒介,和全球观众们沟通,赚了数千美元,这对他来说是一种冲击。

Beeple,向NFT世界迈出第一步

在2020年10月,Beeple通过Nifty Gateway市场向NFT世界迈出了第一步。他发行的第一个NFT包含了3个反映尖锐的社会问题的作品[①]。第一个NFT作品叫作《政治是胡说八道》(*POLITICS IS BULLSHIT*),发行了100个复制版本,每个售价1美元。现在,这些版本正在二手市场中交易着。第二个和第三个作品都只发行了唯一版本并进行拍卖,拍出了66666.66美元的价格。Beeple靠出售这些作品赚了超过13万美元,数字艺术作品也可以像实物艺术品一样进行交易,对他来说有着重大意义。

在Nifty Gateway的二手市场中,有多个正在进行交易的《政治是胡说八道》版本。比如,#52/100指的是发行的100个版本中的

---

① https://niftygateway.com/collections/beeple

图 3-17　Beeple 的《政治是胡说八道》

出处：Nifty Gateway

第 52 个。每个版本标记的价格是现拥有者挂出的销售价格。

首次进军 NFT 世界两个月之后的 2020 年 12 月，Beeple 的"每一天"项目作品汇总的一部分也在 Nifty Gateway 上以多种方式出售。21 个单个的 NFT 作品分时间进行拍卖，3 个开放版本的 NFT 作品（在需求有多少，就无限发行多少的前提下）各自在 5 分钟内卖出了 969 美元。还有一个限量版的 NFT 作品发行了 100 个版本，并各自以 1 美元的价格售出。通过这些，Beeple 从 12 月 11 日至 13 日这短短一个周末的时间里，获得了超过 350 万美元的收益。

为了给 NFT 购买者们更加丰富、更有价值的体验，他售出的 NFT 作品都会制作并赠送一个输入了固有二维码的数字相框。Beeple 认为，比起元宇宙上的画廊，目前大部分人还是更想拥有这样可以在线下实物装饰柜中展示的美丽物品。这是因为我们还没有完全生活在元宇宙世界中。

佳士得拍卖行的壮举

随着 Beeple 人气的暴涨，2021 年 1 月，世界性美术品拍卖公司佳士得向其提议举行更大规模的拍卖。Beeple 接受了这一想法，并将"每一天"项目的大部分内容——5000 件作品制作成一个 NFT 进行拍卖，期待着世间有人会为了自己的单个 NFT 支付高价。拍卖于 2021 年 3 月 11 日开始，拍卖会期间，Beeple 在社交平台 Clubhouse[①] 中进行实时沟通，增加了紧张氛围。随着拍卖的进行，作品的价格飙升至 5000 万美元，人们开始动摇，Beeple 最终走出 Clubhouse 的聊天室，和家人们一起关注着拍卖的状况。

从 1500 万美元开始的竞拍价格，在距离拍卖结束仅剩 30 分钟时噌噌涨到了 6930 万美元。拍卖一结束，Beeple 就从沙发上跳了起来，喊道："我要去迪士尼乐园！"（这激动人心的画面被上传到了佳士得官方 Youtube 频道[②]）

Beeple 的作品能卖出这么高的价格，可能有以下几个原因。首先，他是在各个社交媒体频道拥有超过 250 万关注者的网红；其次，通过"每一天"项目，他不仅仅显示出创意性，还向世人展示了自己的热情与坚持不懈，让很多人深为感动；最后，随着 NFT 市场的迅速成长，很多人对数字艺术的未来持肯定态度。他们认为，如果 NFT 的价值体系逐渐为更多人所接受，那么市场上交易的 NFT 作品的价格也会持续上涨，现在投资的话，未来就会有惊人的收益。

[①] 美国的一款主打即时性的音频社交软件。——编者注
[②] https://www.youtube.com/watch?v=S8p1B8NHLFQ

NFT作品与加密货币富豪们

Beeple的佳士得拍卖体现了加密货币富豪们与NFT交易的关系有多密切。以6930万美元的价格竞标成功的32岁加密货币企业家Metakovan就是那种有个性的投资者。成交日之后7天,Metakovan就公开了自己的身份,他是基于新加坡元宇宙的NFT基金的创始人,在Beeple2020年12月入场NFT期间,他也购买了价值220万美元的NFT作品。他过去几年一直在投资加密货币,他的资产的99.9%都以加密货币形式存在,甚至连房子和汽车都没有,可见他对加密市场充满信心。

Metakovan在一次媒体采访中表示,Beeple的作品是美术史上浓墨重彩的一笔。这吸引了很多人的关注。对于"艺术到底是什么"这一问题,在这个人们的认知正在迅速变化的时代,Beeple的作品象征着变化的起始点,可以预见,未来这些作品会比现在具有更高的价值,因此他认为6930万美元是很合理的价格。

Metakovan认为之后会有很多艺术家都会利用NFT创造收益,因此NFT经济会逐渐扩大。当然,距离NFT经济到达完美水平还需要很长时间,但等待的时间不也挺有趣的吗?

Pak:NFT×动漫艺术品

2021年3月,在佳士得拍卖行,Beeple的作品卖出了6930万美元的高价。这一让世人为之震惊的事件还没过去多久,苏富比拍卖行也传来了要进行第一次NFT拍卖的消息。2021年4月12日至14日,他们将与身份不详的数字艺术家Pak合作,进行为期三天的NFT拍卖。作为世界拍卖行两大高峰的两个拍卖行,围绕

NFT 美术市场展开了主导权争夺战。

不露脸的艺术家，Pak

Pak 是一位在数字艺术世界中活跃了 20 多年的艺术家。他的真实身份至今还彻底蒙在神秘面纱之下，甚至有传闻说，在 "Pak" 这一笔名下不只有一个人，而是有很多名创作者。为了方便起见，本书中将其视作一个人。

事实上，Pak 在传统美术市场中并不是家喻户晓的人物。人们只知道他既是 Undream 工作室的创始人和代表设计师，又是名为 Archillect[①] 的人工智能程序的开发者。Archillect 是在社交媒体上发掘并共享有趣又刺激的视觉内容的人工智能，只要有特定关键词，即使没有人的感情或其他形态的介入，也能自主找出冷色调的极简图片，起到数字策展人（根据目的分类、分配和展示他人美术作品的人）的作用。这是艺术的数字革命性尝试。

这位通过技术和媒体进行实验性艺术活动的神秘人物，在 2020 年 12 月成为第一位通过 NFT 收藏品赚取 100 万美元的 NFT 艺术家。苏富比将长期受到数字及加密艺术社群推崇的人物选定为首次进行 NFT 拍卖的单独艺术家，这也暗示着现有美术市场即将发生的地震。

Pak 作品在苏富比的拍卖

2021 年 4 月，苏富比的首次 NFT 拍卖终于举行了[②]。拍卖由 3 个独特的部分组成。第一个部分是作为无限量版以固定价格上线的

[①] https://archillect.com/
[②] https://www.sothebys.com/en/digital-catalogues/the-fungible-collection-by-pak

名为《可替代品》（*The Fungible*）的 NFT 系列。这是一个将特定数量的可替代"方块"，即正六面体聚集在一起运转的数字作品。方块的价格第一天为 500 美元，第二天增加到 1000 美元，第三天继续增加到 1500 美元。购买者在自己想要的日子里支付自己想要的方块相应的价格，拍卖结束后，会收到包含购买数量方块的 NFT 套装。虽然听起来有些复杂，但举个例子来说，如果你支付了 1 个方块的价格，就会收到叫作"一个方块"的包含 1 个方块的 NFT 作品；如果你支付了 178 个方块的价格，那就是"1+1+1+5+20+50+100=178"，因此，你将获得 3 个包含 1 个方块的 NFT、一个包含 5 个方块的 NFT、一个包含 20 个方块的 NFT、一个包含 50 个方块的 NFT，以及一个包含 100 个方块的 NFT，总共 7 个 NFT。

《可替代品》乍一看只是单纯的黑白渲染，但是它能让观众直接体验到"可替代"和"不可替代"间的相互交换，能够让人重新思考 NFT 的本质。Pak 还通过不限制方块销售数量的方式，挑战了美术市场看待作品的稀缺性与价值的传统观念。

《可替代品》无限量版在这 3 天间每天销售 15 分钟。第一天即销售了 19737 个方块，创造出 990 万美元左右的销售额；3 天内共有 3080 名购买者，创造了相当于 1400 万美元的销售纪录。

同一时段，除了无限量版外，拍卖行还单独对 2 个 NFT 作品进行了拍卖。那就是《开关》和《像素》（*The Pixel*）。《开关》像《可替代品》一样，包含了不断旋转的几何体，经过 10 名投标者的竞争，最终以约 140 万美元的价格成交。《像素》是一个以 1×1 像素的图像展现灰色的 1×1 方块的作品，经过 90 分钟的投标竞争后，以约 136 万美元成交。

就这样，苏富比与 Pak 的合作创下了共约 1680 万美元的销售纪录。对此，人们认为这与 Beeple 的 6930 万美元相比，佳士得（或者说是 Beeple）取得了胜利。但是，Pak 的无限量版 NFT 作品让观众理解了我们社会的价值，让人能够思考人与价值的根本关系，这一点是非常重要的。在区块链环境下，通过 NFT 这一媒介，创造价值的新机会得以开启，通过开放版这一表演，我们不断变化的行为模式和认知也得以展现。Pak 表示："人们也许可以轻松地将数字作品保存为图片，但不能将其保存为'数字表演'吧？"

Pak 的礼物

除此之外，Pak 还为符合特别条件的收藏家准备了多种版本的 4 个 NFT 作品，分别叫作《方块》（*The Cube*）、《复杂性》（*Complexity*）、《均衡性》（*Equilibrium*）和《建造者》（*The Builder*）。比如，单个 NFT《方块》送给了购买最多数量的无限量版本《可替代品》的收藏家。《复杂性》发行了 100 个版本，送给购买无限量版《可替代品》数量最多的"前 100 个"收藏家。此外，《均衡性》发行了 4 个版本，逐一赠送给满足下列条件的收藏家：

- 猜对 Pak 在 Twitter 发布的谜题的收藏家。
- 拥有 Pak 的早期作品里，在二手市场中以最高价格重新交易的作品的收藏家。
- 向最多社交媒体网友发布"#PakWasHere"的收藏家。
- 最准确地预测拍卖总销量的收藏家。

最后，Pak 还发行了 30 个版本的《建造者》，并亲自选出在媒体和艺术界中为 NFT 艺术家打下基础的 30 位值得感激的人，各赠送了一个。

据悉，苏富比方面为进行拍卖而拜托 Pak 提供个人信息时，Pak 也要求称自己为"他们"（they/them，希望不分性别地指代本人时经常使用的代名词）。虽然 Pak 一直维持着神秘假面，但其也想要创意性地表达对包括收藏家在内的，为 NFT 社群做出贡献的各种"建造者"们的感谢。Pak 通过此次苏富比拍卖，就 NFT 作品的销售方式提出了新的方案，并在此过程中向很多人展现了数字—加密艺术固有的叙事性。数字及加密艺术家们通过这个机会在现有的美术市场上站稳脚跟是一个鼓舞人心的事情，很期待他们共同创造出不可替代的未来。

3LAU：NFT×音乐

现场演出几乎消失的 2020 年和 2021 年，音乐家们为了与粉丝们沟通，以及填补减少的收入，开始通过 NFT 进入区块链的世界。为了更详细地了解音乐和 NFT 的融合，首先来了解一下可以称为该领域先驱者的世界级音乐人兼 DJ——3LAU 吧。

看到了区块链的可能性

2014 年，3LAU 为了艾维奇（Avicii）的开场演出去墨西哥时，见到了文克莱沃斯（Winklevoss）双胞胎兄弟，开始关注区块链世界。通过以脸谱网诞生的真实故事为背景制作的电影《社交网络》（*The Social Network*）被人们所熟知的文克莱沃斯兄弟，告诉 3LAU 应该关注加密货币。他看着双胞胎兄弟正在制作的 Gemini[①] 加密

[①] 美国流行的加密货币交易所，最安全的交易所之一。——编者注

货币交易所，第一次感受到了加密货币的力量。他认为，对不断发生版权费争议的音乐市场来说，借助区块链进行变革迫在眉睫。无须复杂的、非必要的文件工作来进行登记和取得版权费，只要在区块链上填写合同内容，就可以自动进行相应音乐的流媒体和所有版权费的结算，这一事实令人十分震惊。

NFT 和音乐的相遇

2018 年，3LAU 接受了《福克斯商业》(Fox Business) 关于加密货币的采访，在最后还想多说一些关于 NFT 的话题时，采访时间就结束了。但是他明确传达了一句话，"音乐粉丝们将通过 NFT 在后台与自己喜欢的艺术家见面"。令人惊讶的是，这句话很快就得以实现。随着 NFT 的人气快速上升，他梦想中的 NFT 和音乐的相遇成为现实。

首先是 2021 年 1 月，3LAU 通过 Nifty Gateway 交易平台首次将整首歌 NFT 化销售，获得了相当于 17.5 万美元的收入。这个金额是在现有传统方式下，需要数十亿次流媒体播放才能够获得的版权费数值。

得益于第一张 NFT 专辑的成功，3LAU 在次月，即 2021 年 2 月，通过自己的网站将畅销专辑《紫外线》进行代币化拍卖。他根据自己亲自设计的拍卖方法，不仅向排名前 33 位的竞拍者发放代币化专辑，还回馈特殊体验"交换券"，以铂金（第一名竞拍者）、黄金（第二至第六名竞拍者）、白银（第七至第三十三名竞拍者）来区分回馈水平的等级。得到铂金等级 NFT 的第一名竞拍者将获得《紫外线》限量版黑胶唱片和 3LAU 未公开歌曲的收听权，最重要的是，其能够获得可以和 3LAU 一起制作新曲的机会。

得到黄金等级NFT的5名竞拍者，将获得《紫外线》限量版黑胶唱片和3LAU未公开歌曲的收听权，以及决定混音方向并一起制作的机会。最后，白银等级NFT获得者将得到《紫外线》限量版黑胶唱片。就这样，3LAU的粉丝们（就像他数年前预测的那样）通过NFT这一媒介，与最爱的艺术家产生了特别又多样的连接纽带。

得益于激烈的竞价，3LAU一夜之间获得了1168万美元以上的收益。这是因为3LAU不仅仅在音乐领域出类拔萃，而且与WhaleShark、888、Seedphrase等有影响力的NFT收藏家已经建立了多年的牢固关系。

像这样，从2020年末开始席卷世界的"亿"韩元级NFT交易背后，存在着对加密货币和区块链有着渊博知识的投资者。这些人大部分是已经通过加密货币赚得盆满钵满的"加密鲸鱼"，他们的目标是通过NFT艺术作品的高价交易，在区块链生态系统内让自己的加密财产升值。既可以讨论艺术、支援艺术家，又可以增加财富，这不是一石二鸟吗？

3LAU描绘的音乐市场的未来

从结果来看，扶摇直上的NFT价格虽然给长期以来创作作品没有获得合理报酬的艺术家们开辟了史无前例的收益道路，但对普通人来说，是设立了无法逾越的准入门槛。最重要的是，对想参与NFT生态系统并支持自己喜欢的艺术家的铁杆粉丝来说，这是非常令人失望的情况。当然，在加密鲸鱼们中也有真心热爱电子音乐，并想要支持艺术家的人。但重要的是，为了NFT与音乐产业的结合能够持续发展，应该降低准入门槛，让非百万富翁的普通人,以及传统的乐迷们更容易地参与 NFT 音乐市场中。

据悉,3LAU 今后将设立一个基金会,用以支援艺术家,并向更多人宣传 NFT。因为他认为,当更多的艺术家、收藏家、粉丝经常接触 NFT 的概念时,他们就会更深入地了解 NFT。他也正在准备粉丝们直接向艺术家投资的项目,如果艺术家获得成功,投资的粉丝们也会得到相应报酬。这是一种由乐迷分享艺术家的音乐所有权,共同参与艺术家或歌曲的成功的模式。笔者认为,3LAU 是 NFT 音乐的先驱领袖,因为他从很久以前就开始对区块链产生兴趣,也在寻找各种各样的机会。当下,他通过 NFT 提出的音乐市场的未来令人十分期待。

加密朋克与 Meebits:NFT × 收藏品

加密朋克

说到 NFT,就不得不提加密朋克!加密朋克市场是一个非常活跃的、持续受到众多收藏家和大众喜爱的始祖 NFT 项目。

2021 年 6 月末,美国著名说唱歌手兼企业家 Jay-Z 将自己的 Twitter 头像变更为加密朋克 #6095,宣告自己是该朋克的新主人。

因狂野的发型和金链子这样稍显稀有的特性而出名的这个男性朋克,是 Jay-Z 于 2021 年 4 月 25 日以 55 以太币(当时市价约 12.6 万美元)的价格购买的。Jay-Z 最近似乎迷上了 NFT,为了纪念自己的出道专辑《合理怀疑》(*Reasonable Doubt*)发行 25 周年,他委托著名艺术家德里克·亚当斯(Derrick Adams)重新制作专辑封面,由此诞生的作品《继位者》(*Heir to the Throne*)以单一 NFT 发行,并于 2021 年 7 月初在苏富比拍卖行进行拍卖。该作品从 1000 美元起拍，最终以 13.9 万美元的价格成交，拍卖收益的一部分捐赠给了肖恩·卡特基金会。

说回加密朋克，朋克们如此受欢迎的原因到底是什么呢？不仅仅是因为世界上只存在 1 万个而具有稀缺性，还因为每一个朋克都有无法被代替的固有特征，所以具有很高的稀有度。另外，加密朋克作为鼻祖 NFT 项目，具有代表网络和加密文化的历史特性，因此很多人希望能拥有它。这么火爆的朋克是何时、何地、如何诞生的呢？

2017 年，纽约软件公司 Larva Labs 的创始人约翰·沃特金森和马特·霍尔决定制作反映区块链初期脱离常规、反对体制精神的角色。他们认为 20 世纪 70 年代伦敦的朋克摇滚文化应该成为加密朋克的审美基础，因此，他们从伦敦朋克运动中获得灵感，设计出了相应的发型和装饰品。在 6 月，他们根据一定的算法生成了正好 1 万个朋克。

约翰和马特除了改变算法来制作人类形象的朋克之外，还制作了非人类角色，其中包括 88 个绿色皮肤的僵尸朋克、24 个猴子朋克和 9 个蓝色皮肤的外星人朋克。人类朋克中有 6039 个是男性，3840 个是女性。1 万个朋克通过算法随机组合性格、服装、发型、饰品等特征，具有固有的稀缺性，最稀有的特性有针织帽（44 个）、贴颈项链（48 个）、飞行员头盔（54 个）等。

朋克之间稀缺性的差异直接关系到交易价格的不同。例如，前面提到的带有"稀有物品"的外星人朋克，比带着相似水平稀有物品的男性朋克价格更高。2021 年 6 月，朋克 #7523 在苏富比以 1180 万美元的价格成交，成为热点话题。实际上，该朋克是 9 个

图 3-18　各种各样的加密朋克作品

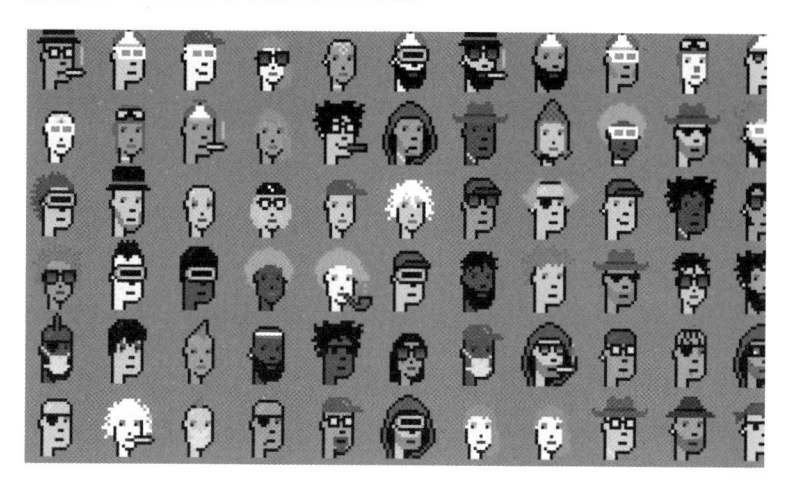

出处：Larva Labs

非常罕见的外星人朋克中唯一戴口罩的，因此稀缺性倍增。他代表着 2020 以来的新型冠状病毒肺炎疫情时代，昵称叫作"新型冠状病毒肺炎外星人"（Covid Alien）朋克。再加上此次加密朋克拍卖与年初相比，是在 NFT 市场整体经历调整的情况下进行的，证明了这样具有历史和文化意义的 NFT 作品仍然可以高价交易。

其实，在苏富比拍卖会举行一个月前的 2021 年 5 月份，佳士得以 1690 万美元的价格成交了由 9 个朋克组成的 NFT 收藏品系列。几年前还对 NFT 不怎么感兴趣的传统美术市场的世界级拍卖行，现在开始针对 NFT 作品举行拍卖活动，并以"亿"韩元级的价格进行朋克交易的事实，均说明了 NFT 生态界变化得有多迅速。

如前所述，每个朋克都具有固有的特性，这是加密朋克项目的特点。生成艺术（使用自主系统创作的艺术）可以说是加密朋克的艺术类别，其优点是设定一定的流程，并根据该流程进行任意创作，从而诞生出让创作者自己也感到惊讶的作品。加密朋克通过数百次随机程序制造了各种各样的朋克，根据需求进行小调整后，就可以连接到以太坊智能合约上。这就是永久不变的朋克诞生的瞬间。每个朋克都有自己的网页，任何人都可以轻松查看该朋克的简单特征和交易明细。

创作者们表示，每个朋克都可以被认为是基于生成艺术的美术作品，当1万个朋克聚集在一起时，也可以被认为是1个美术作品。普通观众对朋克的看法也多种多样。有人认为朋克是和集换式卡牌一样的普通可收集物品，即收藏品，也有人认为这是新形态的美术作品。当然，这些观点并没有一个确定的答案。有如此多样的解释，而不被定义为某一种类型，这不也是加密项目的魅力吗？

Meebits

得益于加密朋克的超高人气，Larva Labs 于 2021 年 5 月推出了第三个 NFT 项目 "Meebits"。Meebits 比加密朋克更进一步，是根据自定义算法生成的 2 万个 3D 立体像素形式的数字角色。这些角色也随机组合了发型、眼镜、服装、鞋子等特征，各自表现出独特的面貌。Meebits 通过普通销售和社群限量销售两种方式随机分配给大众。

在普通销售中，约 2.5 以太币就可以铸造一个 Meebits，因此上线仅几个小时就售罄，显示出围绕着 Meebits 的热潮。而社群限量销售则采用另一种方式，只要是拥有加密朋克或 Larva Labs 的另一个 NFT 商品 Autoglyphs[①] 的人，都可以免费获得 Meebits。这是对

---

① 一个链上生成领域创新项目。——编者注

社群的现有成员给予的特别回馈。

像朋克一样，Meebits 也根据角色的种类、特征的数量、特征的稀缺性，有着千差万别的价格。据说，至少有 13 个 Meebits 的售价在 100 万美元以上。这不仅得益于 Meebits 本身的艺术价值，也得益于 Larva Labs 此前在加密市场积累的高知名度和品牌影响力。Larva Labs 表示："如果说加密朋克是为 Discord、Twitter 等社交平台准备的 2D 虚拟形象，那么 Meebits 将发展为适合 CryptoVoxel、Decentraland、沙盒等元宇宙世界的 3D 虚拟形象。"

在迅速靠近我们的元宇宙世界中，作为使用者的用户特性和身份象征活跃的 Meebits 们令人十分期待。

加密猫与 *Axie Infinity*：NFT × 游戏 × 藏品

加密猫

首先让我们来认识一下加密世界的小可爱猫咪们吧。加密猫是基于以太坊的收藏品游戏，用户可以收集虚拟猫咪角色并使之交配，也可以使用加密货币进行交易。每只猫咪都是根据 ERC-721 代币标准编码的 NFT 收藏品，具有眼睛形状、嘴型、毛发颜色等固有的遗传特性[1]，用户可以拥有独一无二的虚拟宠物，这是它的一大卖点。其实，Axiom Zen 公司在 2017 年末推出加密猫这一事件，不仅在程序员之间，而且在普通大众之间也成为热门话题。因为以当时的标准，只存在于虚拟世界的猫咪要以超过 1000 美元的价格进行买卖，这本身就足以引起很多人的关注。再加上，

---

[1] 也称"猫"（cat）和"特征"（attribute）合成的"猫征"（cattribute）。

图 3-19　Meebits

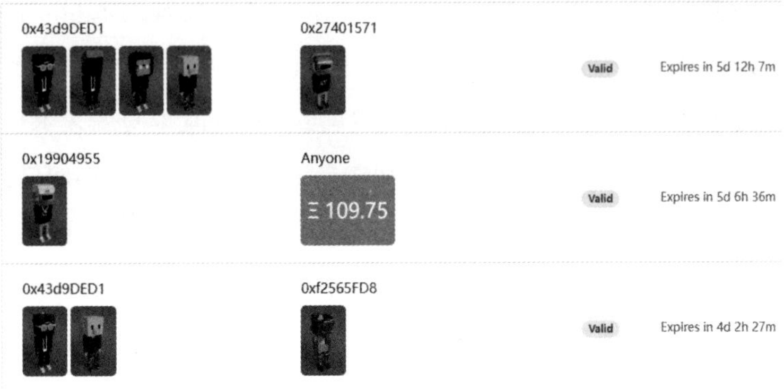

出处：Meebits App

如果适当地让猫咪进行交配，生出稀有品种，就有可能得到高收益的机会，这一点更是让很多人兴奋不已。

其实像电子宠物一样，饲养自己的专属宠物的游戏是我们很久以前就已经熟悉的概念。但是加密猫在此基础上更进一步，通过交配制造新的宠物，并赋予其市场价值，使其可以像集换式卡牌一样进行交易，又增加了趣味性。在加密猫交易平台能看到目前正在销售的所有猫咪，可以简单地确认每只猫咪的名字、世代、家族信息、遗传特征、价格等。越是具有稀有特性的猫咪，以及越是初期的猫咪，销售价格往往会更高。到撰写本文为止，交易价格最高的猫咪是"龙"，售价高达 600 以太币，有些超乎想象。

如果你也想成为猫咪的主人，可以在交易平台中按下心仪猫咪的"立即购买"按钮（此时支付以太币），另外，你也可以向未在售的猫咪当前的主人提出不错的价格来推进交易。

另外，也可以选择交配的方法来获得新的猫咪。可以让你拥有的两只猫咪进行交配，也可以在市场上选择一只"公共雄性"，支付其所有者想要的手续费，让它和你的猫咪交配。有趣的是，每只猫咪都有被称为"冷却速度"的交配后必须休息的时间。交配经验越多，这个时间就越长。冷却速度越快，就越具有生产性，因此身价就高。通过交配诞生的幼崽猫咪，其世代为"父母中较高的世代值加1"（如果父母分别是第2代、第3代的话，幼崽则是其中较高世代值3加1的值，即成为第4代），并拥有固有的遗传特性，这些因素直接关系到其在市场上的金钱价值，因此对用户来说，这也是该游戏的核心。

当然，交配时出现的遗传特性是父母猫咪和祖先猫咪拥有的基因混合后随机确定的，因此，用户并不能通过特殊手段来获得稀有品种。但即使新生的小猫很平凡，也不要太失望，因为它们可能具有潜在的特殊基因。平凡的猫咪中偶尔也能诞生稀有猫咪，也许秘诀就是"坚持"。

加密猫就像是区块链时代的"口袋妖怪"一样。仅凭肉嘟嘟的脸颊和可爱的眼神，就具有让人想收集的魔性魅力，另外，它还是给区块链产业本身带来巨大影响的元祖NFT项目之一。

事实上，加密猫上市的2017年，媒体上充斥着对初次发行代币的负面报道。这是因为2017年进行的首次代币发行项目中，80%左右被确认为诈骗，启动后持续4个月以上的项目占比仅略高于40%。在对加密货币和区块链本身的负面认知日益高涨的情况下，将以太坊技术带到游戏产业最前沿的加密猫的出现是一股清流。事实上，由于大众的爆发性关注，以太坊网络上甚至出现了史无前例的流量。

图 3-20　加密猫的基因属性

出处：加密猫官方网站

部分人担心加密猫助长了投机和欲望。但从结果来看，它激活了以太坊的交易，将加密货币与游戏相结合，将 ERC-721 代币标准引向区块链世界的中心，并成为众多 NFT 项目的开端，这些都是加密猫不可否认的成就。我们紧接着要说到的 2021 年夏天最热门的 *Axie Infinity*，也遵循着加密猫开拓的概念。

截至 2021 年，加密猫仍在进化中。目前，在 Decentraland 上也兼容了能将你的猫咪装在相框里展示的功能，预计今后加密猫与其他区块链平台的跨界活动也将继续扩大。今日掀起 NFT 热潮的加密猫咪们，似乎马上又将迎来一次全盛期。

Axie Infinity

2021 年夏天，*Axie Infinity* 掀起热潮。正如前面提到的，*Axie Infinity* 是继承加密猫概念而制作的基于以太坊的 NFT 收藏游戏，在游戏中，你可以饲养名为 Axie 的基于 ERC-721 代币形式的宠物，使其进行交配、对决，或在玩家间展开交易。Axie 是用户拥有并控制的 NFT，可以保管在你的个人钱包中，或传送到其他以太坊地址，也可以在区块链交易平台上与其他用户进行交易。

Axie Infinity 于 2018 年由总部位于越南的创业公司 Sky Mavis[①]推出，有趣的是，该游戏最初没有太大的商业目的，而是一个"激情项目"（passion project）。但随着其人气逐渐上升，它成为目前世界上最受欢迎的基于以太坊的游戏。为了解决高昂的价格和以太坊 gas 费等问题，*Axie Infinity* 还构建了专用的"Ronin 以太坊"侧链，从而实现了爆发性增长。

以 2021 年 7 月初为基准，该平台约有 35 万名每日活跃用户。例如，仅从 7 月 7 日一天来看，*Axie Infinity* 的交易量就达到了 2200 万美元，销售额也达到了 100 万美元。如果换算成年度数据，这一数值可与《魔兽争霸》或《堡垒之夜》等 AAA 级巨头游戏并驾齐驱。如果按照这一趋势持续下去，*Axie Infinity* 的销售额可能会很快就会高于它们。

除了 Axie 之外，游戏中还存在虚拟土地及各种道具，它们也是基于 ERC-721 的代币。用户可以组队，以冒险模式与 Lunacia 王国中的怪兽展开对战，或者以竞技场模式与其他 Axies 玩家进行对决。

如果在对决中获胜，将获得名为"Smooth Love Potion"（SLP）的基于 ERC-20 的代币，其可以培养 Axie，也可以在币安等交易所进行交易。以 2021 年 7 月初为基准，SLP 代币的市价总额为 1.2 亿美元，规模非常大。

除了 SLP 代币外，名为"Axie Infinity Shards"（AXS）的基于 ERC-20 的生态系统治理代币也于 2020 年 11 月上市。用户在玩

[①] 一家专注于技术和区块链的游戏工作室。——编者注

游戏的过程中可以获得AXS，或者在*Axie Infinity*交易平台[①]销售Axie来获得AXS代币。以2021年7月初为基准，AXS代币的价格比2020年冬天上涨了100倍以上，市价总额超过了7.4亿美元。令人惊讶的是，在韩国数字资产交易所UPbit中，2021年7月初交易量排名靠前的5个项目中，AXS代币也占据了一席之地。可以说，这个夏天是为*Axie Infinity*准备的，由*Axie Infinity*带来的也不为过。

*Axie Infinity*开拓了"边玩边赚"这一新概念游戏模式，这一点也具有历史意义。正如第二部分中所写到的，不仅是游戏开发者，游戏用户也可以赚钱的"边玩边赚"商业模式，是游戏产业从"付费游玩"发展到"免费游玩"后再次进化的游戏模式。用户在游戏中获得代币或其他形式的奖励，可以在游戏内使用，也可以在公

图 3-21 *Axie Infinity* 服务画面

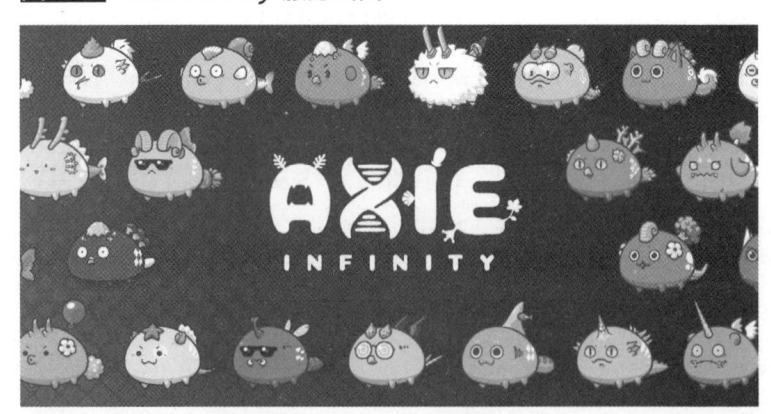

出处：*Axie Infinity* 官方网站

[①] https://marketplace.axieinfinity.com/axie?sort=PriceDesc

图 3-22 *Axie Infinity* 的日活跃用户及 Discord 社群成员数（2021年5月—2021年7月）

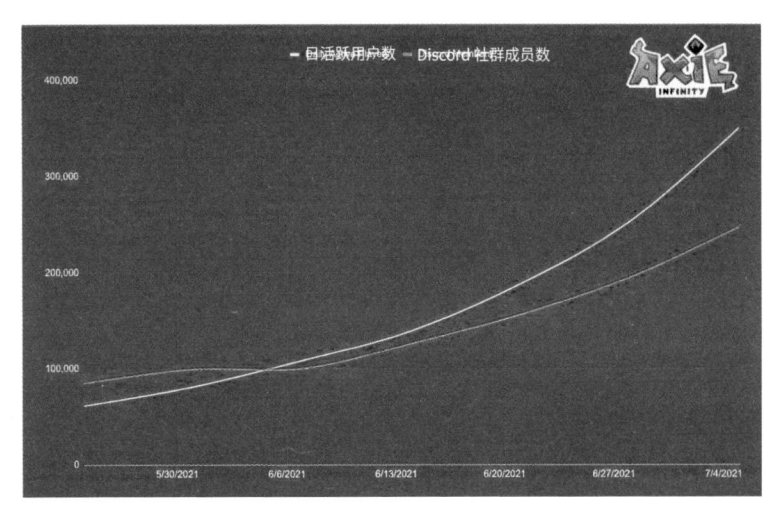

出处：*Axie Infinity* 官方 Twitter 账号

开市场进行交易。简而言之，即通过精心编排的游戏内经济，任何人都可以投入时间和努力来获得收入。

对一些人来说，通过"边玩边赚"游戏获得的金钱补偿只不过是单纯的零花钱而已，但对另一些人而言，这是非常重要的维持生计的手段，菲律宾的情况就是如此。菲律宾是全世界 *Axie Infinity* 游戏用户最多的国家，据说很多低收入家庭通过 *Axie Infinity* 赚取生活费和学费，甚至还有传闻说，有人通过游戏赚的钱买了房子和土地。*Axie Infinity* 在印度尼西亚和委内瑞拉等其他发展中国家的用户数量也十分大，可以推测出其在这些地方也起到了类似的作用。

Art Blocks，EulerBeats，Alethea AI：NFT×算法艺术

NFT有趣的特点之一就是使用了很多算法。在NFT世界活动的众多艺术家、收藏家、程序员对利用算法将图片转变为虚拟形象，创造音乐，制作随意的视觉艺术作品非常感兴趣。由于算法的特性，在这里与其把焦点放在特定艺术家身上，不如来看看最近备受瞩目的3个算法艺术平台。

Art Blocks

Art Blocks是可以进行编程的按需NFT平台，以艺术家制定的算法为基础，收藏家可以轻松地铸造NFT。将Metamask钱包连接到平台上，选择自己喜欢的作品，按下购买按钮，根据该作品的艺术家制作的代码，即可诞生出各种变数随机组合的新版本作品，并储存在以太坊区块链中。这是只属于你的算法艺术被铸造成NFT的瞬间。当然，只有支付包括手续费在内的一定金额后才能进行铸造。

Art Blocks的特点是被设计为将NFT中的元数据和数字内容完全以链上形式储存，可以实现NFT承诺的完全的、永恒的数字所有权。Art Blocks是可以帮助任何人都重生为艺术家的平台。对收藏家来说，算法作品的特性导致在铸造结束之前，谁都不知道自己会拥有怎样的作品，因此更加刺激。在艺术创作过程中，最大限度地排除刻意性，放大偶然和随机的作用，提供意想不到的创作机会是其最大的魅力。

截至Art Blocks成立7个月后的2021年7月初，共发生了7000次以上的作品购买，换算后价值达500万美元以上。

EulerBeats

2021年初上市的EulerBeats是通过NFT将音乐重新诠释为数学艺术的项目。具体地说，每个NFT都连接着一个通过算法创建的音频文件，此时算法遵循数学家欧拉的欧拉函数。EulerBeats NFT所有者将有机会生成有限数量的"打印版"（对原件的复制件），该打印版可以在二手市场进行交易。通过EulerBeats发行的NFT本身就是艺术作品，重新生成每个音频文件所需的所有信息都储存在以太坊链上。

EulerBeats是第一个将数学、美术、音乐、版权费、高流动性代币、稀缺性等所有要素组合起来制作NFT的案例，从这一点来看，可以说是非常具有独创性的项目。仅2021年3月一个月内，EulerBeats平台即拍卖了25个NFT，总销售额达1665以太币（当时市价300万美元以上）。

Alethea AI

虽然在本书撰写的时刻，Alethea AI尚未完全上市，但已经受到了NFT专家的广泛关注。因为这是一个能够通过自己的算法，在任何NFT上增加AI功能的项目，因此具有无穷无尽的可能性。例如，Alethea AI在加密朋克NFT上添加了OpenAI的文本生成程序GPT-3，将原本只是像素图像的朋克重生为可以进行互动的虚拟形象。GPT-3是由埃隆·马斯克联合创立的AI研究开发公司OpenAI开发的人工智能模型，特点是能够很好地理解语言结构，自然语言处理能力非常出色。

我们是不是也很快就能在元宇宙中和朋克们一起跳舞、唱歌、聊天了呢？实际上，Alethea AI与艺术家罗伯特·爱丽丝（Robert

图 3-23 在 Art Blocks 中铸造的作品

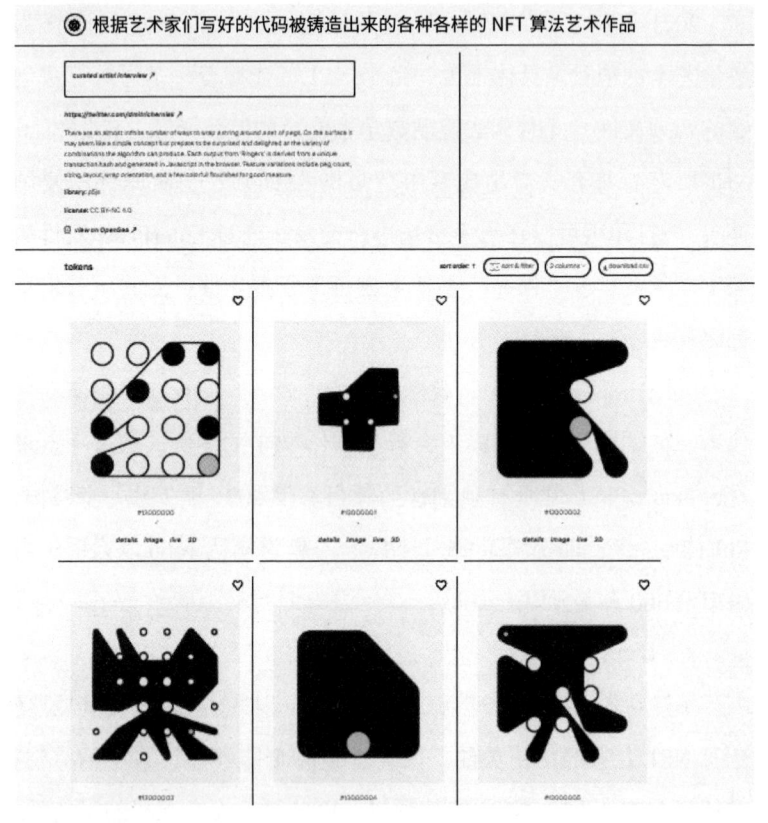

◉ 根据艺术家们写好的代码被铸造出来的各种各样的 NFT 算法艺术作品

出处：Art Blocks

Alice）合作，共同制作了一款结合 NFT 和 AI 技术的智能 iNFT "爱丽丝"，引发热议。爱丽丝可以拥有罗伯特设定的性格，通过自我学习与人类对话（爱丽丝于 2021 年 6 月在苏富比被拍卖[①]）。虽然目前对话能力还不够完善，但相信随着技术的发展，像爱丽丝一

---

① https://www.sothebys.com/en/buy/auction/2021/natively-digital-a-curated-nft-sale-2/to-the-young-artists-of-cyberspace

样的 iNFT 最终能够实现商用化。

Hashmasks：NFT × 社群 × 收藏家

活着的 NFT 收藏家——Hashmasks

被称为"活着的数字艺术 NFT 收藏家"的"Hashmasks"经过一个周末的交易，所有 Hashmasks 卡牌全部售罄，总销售额达 1600 万美元。目前这个名字对大众来说多少还有些陌生，到底是什么让加密业内人士们如此狂热呢？

2021 年 1 月 27 日，一位 ID 为"加密恐慌"（Cryptopathic）的 Twitter 用户向 Twitter 知名人士 Crypto Cobain 发送了一条关于名为"Hashmasks"的新 NFT 项目的消息。Hashmasks 是从始祖 NFT 藏品加密朋克处获得灵感而制作的项目，Crypto Cobain 就像被什么迷住了一样，购买了多张 Hashmasks 卡牌。然后，他马上在 Twitter 上写道："天哪，我为什么花了 10 万美元买这些东西？"因为当时谁都不知道，Hashmasks 会是"下一个大热点"，还是让收藏家们追悔莫及的项目。

仅仅几天后，数千名收藏家即购买了价值 1600 万美元的 16384 个 Hashmasks，吸引了全世界的关注。这标志着继悲伤蛙、加密朋克、加密猫，还有 NBA Top Shot 之后，NFT 收藏界帝王族谱的新一代领头人的诞生。

邀请收藏家进行创作

2019 年秋天，也就是该项目发布的一年半前，Hashmasks 的两位创始人就带着有些模糊的想法开始着手了。Hashmasks 的角色灵感来自 20 世纪 80 年代让·米歇尔·巴斯奎（Jean-Michel Basquiat）

的作品，共限量供应了16384个NFT。有趣的是，如果购买Hashmasks NFT，收藏家将同时获得命名代币，这是收藏家赋予自己拥有的Hashmasks专属名字的机制。邀请收藏家作为作品的共同创作者这一概念非常具有革新性，也是目前NFT世界中最重要的趋势之一。命名代币之所以重要的另一个原因是，这一机制赋予收藏家们给作品命名的权限，让他们直接参与决定该作品的价值。Hashmasks的作品名称越稀有，价值就越高，与决定Hashmasks稀缺性的另一些要素，例如皮肤或眼睛的颜色、外观是人还是机器人、是否戴口罩等一样，成为决定NFT稀缺性的一个重要特性。

正如收藏家们对每个Hashmask具有的稀缺性起到重要作用一样，最初制作16384个Hashmasks时，社群的作用也很重要。Hashmasks的创始人原本想在Fiverr[①]等自由职业者平台上支付少量的费用，招募制作角色的艺术家。但是通过这样的平台提交的大部分作品都令人失望，最终，两位创作者经过辛苦的评选，选拔出约70名艺术家。他们被赋予设计角色的各种特性的任务，在

图 3-24　Hashmasks 各种各样的 NFT 作品

出处：Hashmasks 官方网站

---

① 一家总部位于以色列的全球性任务众包平台。——编者注

此过程中将设计出的多种特性用算法组合在一起，重新诞生为 Hashmasks 角色。约 80% 的角色是以这种方式制作和发行的，剩下的 20% 则由两位创作者亲自制作完成。2021 年 1 月 28 日，Hashmasks 做好了向外界公开的所有准备。

独特的销售方式

Hashmasks 首次进入市场时，是以有趣的联合曲线方式进行销售的。在联合曲线销售方式中，每个 NFT 的价格根据预先设置的曲线确定。换句话说，已经销售的 Hashmasks 数量越多，下一个 Hashmask 的价格就越高。具体来看，最初销售的 Hashmask 价格为 0.1 以太币（当时约 130 美元），最后销售的 Hashmask 价格为 100 以太币（当时约 13 万美元）。这是为了让购买者最大限度地体会到紧迫感而设计的价格设定机制。

但是，当这种独特的销售方式首次被公开时，Twitter 上的 NFT 人群似乎并没有表现出特别的兴趣，只有几篇推文提及这一事实。Hashmasks 的独创性销售方式是成功了还是失败了呢？

开售 6 小时后，他们就已售出 3000 个 Hashmasks。购买者完全不知道自己会拥有怎样的角色，以及会拥有多少稀缺性，因此，购买者之间展开了激烈的稀缺性竞争。另外，随着更多的 Hashmasks 售出，想出独特的名字变得更加困难，而这也成为 NFT 社群中的一大热门话题，增加了人们对该项目的关注度。

2021 年 1 月 30 日的时候，大部分 Hashmasks 的交易价格在 1 以太币左右，而以 0.1 以太币售出的第一个 Hashmask 则以 100 以太币二次售出。Twitter 上关于 Hashmasks 的推文层出不穷，其在不知不觉间已成为网络上的热门话题。

因此，在开售48小时后，Hashmasks的交易规模（包括二次销售在内）共达到了1600万美元。

等等，有趣的点还没结束呢。Hashmasks创作者们希望社群的互动在购买后也能持续下去，因此有时会在Hashmasks卡牌中隐藏有趣的要素。实际上，购买者们在开售的周末快结束时开始发现这一点。例如，一位Twitter用户发现，如果Hashmasks卡号遵循斐波纳奇数列（前两个数之和即为后面一个数的数列），那么斐波纳奇的象征符号就会隐藏在该人物卡中。有人还发现Hashmasks卡牌可以像拼图碎片一样相互匹配，或者有可以链接到其他内容的隐藏二维码，并将其分享在Twitter上。除此之外，还有Hashmasks卡牌包含了梵语的小信息，或者两个卡牌完全一样，这些趣味十足的发现给社群成员们创造了源源不断的谈资。

充分利用社群的影响力

像Hashmasks的例子一样，在进行NFT项目时最大限度地利用社群的影响力，预计今后也会带动很多NFT项目的成功。实际上，已经有几个NFT项目采用这种方法，取得了一定的成果。最成功的例子有Hashmasks发布几个月后推出的"Meebits"和"无聊猿猴游艇俱乐部"。

正如之前所提到的，Meebits是加密朋克的创始人新推出的项目，其以"社群限量销售"的形式，赋予已经拥有加密朋克的收藏家们可以免费铸造2万个Meebits中的一部分这一权限而成为话题。这可以说是通过给现有社群成员赠送"特权"，将他们的关心和影响力引向新项目的优秀例子。此外，"无聊猿猴游艇俱乐部"则提供了只有拥有无聊猿猴NFT的收藏家才能进入的名为"浴室"

的社群画板。成员们每 15 分钟可以画一个像素，这些像素聚集在一起，完成一种像素艺术。这是满足了人们对归属感的需求，将共同创作活动活用为社会黏合剂的一个很好的例子。

虽然 NFT 是作为个人所有权的证明而开始受到关注的，但现在正是通过 NFT 形成社群并持续发展，以及期待通过这些获得个人幸福和影响力的时代。今后还有什么样的项目依赖社群或是为了社群而诞生和运营，令人十分期待。

图 3-25 16384 个 Hashmasks 的价格联合曲线

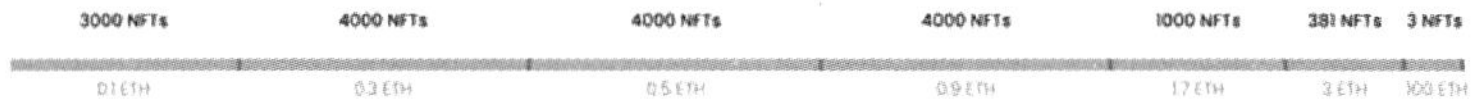

3000 NFTs	4000 NFTs	4000 NFTs	4000 NFTs	1000 NFTs	381 NFTs	3 NFTs
0.1 ETH	0.3 ETH	0.5 ETH	0.9 ETH	1.7 ETH	3 ETH	100 ETH

出处：Hashmasks 官方网站

PART 4

第四部分
通过名人采访评价 NFT 的价值

第一章　评价 NFT 价值的关键词：思维方式，故事性，稀缺性
● ● ● ●

　　评估 NFT 的价值和价格是很困难的事。每个时间段的潮流都会产生变化，人们的喜好也在改变。之前认为十分新颖的艺术要素也会逐渐觉得老旧，相反，一开始并不吸引人的作品，后来也可能光芒万丈。NFT 艺术是非常难估值的领域之一，什么样的作品有人气、有价值，很大程度上取决于收藏家们的主观判断，还有大部分市场的社会约定俗成。

　　为了对由主观看法与社会约定俗成结合而成的 NFT 艺术价值评价体系进行更加深入且更"人性化"的分析，我们对这个领域的"内行"们进行了独家采访。通过与 7 名世界性 NFT 创作者及收藏家进行访谈，我们可以明确的一点是，有三个关键词对创作活动和交易来说至关重要，那就是思维方式、故事性与稀缺性。

第四部分 通过名人采访评价 NFT 的价值

三个关键词

思维方式与故事性

如果你是一个 NFT 创作者，那么拥有正确的思维方式十分重要。如果看到巨额 NFT 交易就认为 NFT 只是一个简单的赚快钱的手段，就很难会有好结果。在艺术与商业的严格分界线上，作为艺术家，你需要将自己的真心，即只属于你的故事传达给收藏家们。

这里的故事不仅仅以文字方式讲述，可以通过作品题目或说明直接讲故事，也可以是作品本身散发出的艺术氛围或是与观众共享的细腻情感。在已经有数万个作品，且每时每刻都有新作品上传的 NFT 丛林中，为了能够脱颖而出，必须要有只属于你自己的故事。

思考一下你想要通过这个作品和世人分享怎样的故事吧。不是追随短暂的潮流，而是作为加密艺术家，构建一个能突出你的个性的故事。讲故事不是单方面的行为，作品交易后可与收藏家持续联络，将自己的故事细致化，也可以在各种社交平台上与大众进行对话，为熟悉的东西增添新鲜感，使之更具魅力。

稀缺性

最后，让我们来考虑一下作品的稀缺性。当然，并不是说"能卖多少就铸造多少"这种增加产量的方法就一定是坏事。短时间内上传大量作品也意味着能够迅速获得市场（收藏家们）的反馈。尤其是当你身为新人创作者时，这种方式会有助于你把握之后的艺术方向。但是在重视唯一性与稀缺性的 NFT 世界中，如果投射着你个性的作品在市场上大量流通的话，那么最终造成你的作品甚至品牌价值下降的可能性极大。因此，经常有创作者（尤其是中坚艺术家们）向收藏家回购自己过去的 NFT 作品，并加以销毁。

收藏家的估值框架

如果你是收藏家，请以下列问题为基础构建 NFT 估值框架。如果你是创作者，下列问题也会对你产生帮助。这是一个能够从收藏家视角对作品展开评价的有效框架。

① 我对这个 NFT 作品的第一印象是什么？
② 这个作品能挂在家里自豪地展示给朋友们吗？
③ 这个作品有多么独一无二呢？
④ 此作品和相似的其他作品的主要差异是什么？
⑤ 创作者多久会发布一次作品？
⑥ 创作者的履历与成就如何？
⑦ 还有谁在收集这位创作者的作品？
⑧ 创作者通过创作活动主要探寻怎样的主题？
⑨ 创作者的故事有多么独一无二？
⑩ 创作者的社群活动有多积极？

如果你准备好了上述问题的答案，那么在点击购买按钮之前，还有一个非常重要，非常终极的问题要向自己提问。

"如果我成为这个 NFT 的最终所有人，我能够满意吗？"

有很多人是看中了 NFT 美术作品的高流动性与陡增的价格，才投机性地接触 NFT 的。但必须铭记，市场趋势变化得比我们想象中还要快。当你购买的 NFT 作品之后永远无法以更高的价格转卖，但你仍然想要拥有它时，就购入该 NFT 作品吧。

第二章 独家访谈系列 1：NFT 创作者们
● ● ● ●

首先，让我们来看看国内外首屈一指的创作者们。比起创作者，用艺术家来形容他们更为合适。他们就是 Hackatao、卡洛斯·马西亚尔（Carlos Marcial）、不详先生（Mr. Misang），以及夏允（音译）。他们的作品换算成金钱，可达数百万美元。也即，他们在各自的位置上，以多样的面貌，在全球 NFT 艺术社群的构建中起到了重要作用。通过他们的故事，我们可以来思考一下评估 NFT 价值时的重要部分。

· Hackatao：意大利 NFT 艺术二人组。他们以通过艺术作品探索言论自由，表达自由和人类对环境造成的影响等相关主题而闻名。Hackatao 的作品以名为 Podmork 的图腾信仰雕塑为特色，也是最近市场上最热门的作品。Hackatao 的创意性也为在 NFT 世界中取得成功提供了一条路线。

· 卡洛斯·马西亚尔：来自墨西哥，但来往于世界各地，作为全职 NFT 艺术家进行创作。他的《无限循环》（infite loops）系列作品重新定义了 NFT 艺术。在采访中，他透露了自己在发现 NFT 艺术之前，作为自由平面设计师所经历的困难。卡洛斯·马西亚尔不仅是一位 NFT 艺术家，还在区块链与 NFT 社群中发挥着领导作用，他的故事给予了我们灵感。

·不详先生：韩国具有代表性的第一代 NFT 艺术家。他的作品描绘了上班族在日常生活中经历的经济与社会难题，引起了热烈反响。他的 NFT 系列作品《现代生活一文不值》（*Modern Life is Rubbish*）从世界各国的收藏家手中赚到了 100 万美元。在创作 NFT 的同时，不详先生还在 CryptoVoxel 这一元宇宙内拥有自己的画廊。他是韩国 NFT 史上留下浓墨重彩的一笔的具有象征意义的艺术家。

·夏允：他既是在全球范围内受到认可的脊柱神经外科医生，也是传统艺术家，通过医学与艺术的奇妙结合与世界进行沟通。他着重介绍了如何利用 NFT 这一媒介，将传统艺术过渡到数字艺术。夏允博士的作品均反映出他的双重职业，例如通过动态的脑部地图表现人类的情感与生活，或是探索记忆之间的关联性。他的作品们通过 NFT 展现了传统与数字的艺术性结合。

采访：Hackatao

开始于爱情故事的 Hackatao。2007 年末，NFT 艺术双人组合坠入了爱河。虽然两种想法、两颗心、两种生活相融合，就这样开启了一段过山车式的旅途，但从某种角度来看，正是得益于此，Hackatao 的代表性 NFT 作品才能诞生。2018 年对他们来说是尤为重要的一年。那一年的 11 月，在意大利托尔梅佐举行了题为"FIGHT FEAR"（战胜恐惧）的展览会，展示了包括增强现实在内的美术作品。这在当时是一次相当勇敢的尝试。整个展览上的作品都标有巨大的"X"符号，观众只能通过扫描二维码来欣赏 Hackatao 的作品。该二维码会链接到 SuperRare 和 KnownOrigin NFT 交易平台，那里展示着 Hackatao 的 NFT 作品。这是首次实现实物艺术作品与 NFT 相结合的展览。此后，Hackatao 迷上了元宇宙。对 Hackatao 来说，元宇宙不仅仅是一个单纯地展示 NFT 美术作品的空间，而是一个构建社群来与 NFT 世界中具有影响力的人物进行社交的地方。他们通过与现代数字艺术美术馆的专业策展人埃莉奥诺拉·布里奇（Eleonora Brizi）的关系，与多个 NFT 艺术家建立紧密的联系并达成了合作。Hackatao 与多名元祖级 NFT 艺术家合作的《最初的晚餐》(*First Supper*)[1] 尤其有名。这一在 Async Art NFT 平台上进行的合作作品，仅凭超级明星级 NFT 艺术家们共同参与就成为热门话题。目前，《最初的晚餐》由 Beeple 的《每一天：前 5000 天》拍卖中标者 Metakovan 所有。

在此作品之后，Hackatao 与 NFT 艺术家兼收藏家 Coldie 进行了合作，作品名为《未经确认的艺术现象》(*Unidentified Art Phenomenon*)[2]，发行于 SuperRare NFT 交易平台。这一作品在对 NFT 世界的特殊旅程下定义的同时，还出色地展现出两位艺术家的独特风格。

如果不是 Hackatao 早期致力于构建社群，就不可能有这样的合作。通过与其他人之间的关系，可以从"无"创造出真正意义上的"有"。在 NFT 这样一个尚未完全成形，因此存在着很多不拘一

---

[1] https://async.art/art/master/0xb6dae651468e9593e4581705a09c10a76ac1e0c8-0
[2] https://superrare.com/artwork-v2/uap---unidentified-art-phenomenon-9343

图 4-1　Hackatao 的《流行音乐女王》(*Queen of Pop*)

1. 安装 Artivive App

2. 找到标有 Artivive 标志的图片

3. 通过你的智能手机欣赏图片

下载 Artivive App 并扫描二维码，无须注册会员或登录即可观看视频

出处：作者提供

格的角色和机会的世界中更是如此。我认为，这是 NFT 新人艺术家们特别需要关注的一点。

另外，Hackatao 之所以能够从一开始就在 SuperRare、MakersPlace、Async Art、KnownOrigin、Nifty Gateway 等 NFT 交易平台上取得成功，可能是因为其不断的询问与探索。他们的 NFT 作品存在于 888、Metapurse 等著名收藏家的数字钱包中。另外，

第四部分 通过名人采访评价 NFT 的价值

在区块链和艺术领域享有盛誉的专业博客"Artnome[①]"也数次提及 Hackatao，使他们跻身业界最受尊敬的 NFT 艺术家之列。

Hackatao 在接受采访时一直对收藏家表示感谢，因为他们认为自己的成功是和收藏家一起谋求 NFT 艺术的发展而取得的最终结果。Hackatao 表示，他们不再担忧是否能得到传统美术世界的正当性认可的问题，因为他们已经找到了会尊重和纪念自己的创意的 NFT 艺术共同体。

Hackatao 的创意源于一起探索人类状态的好奇心。因此，他们在开始创作之前，会为了形成意识流而开始对话。探索的主题非常多样，包括不公正的社会、大众文化、人类对环境的影响等。确定主题后，他们会分工为两个部分，例如，由一个人勾画初期轮廓，另一个人则画出潜意识线上的图像。据说这种"有来有往"的过程有助于在创造艺术作品时更好地发挥各自的才能，使得最终结果可以很好地体现创作过程中"阴与阳"的活力。从某种角度来看，这整个过程本身每时每刻都会在他们正在创作的 NFT 艺术故事中添加新的章节。

采访即将结束时，Hackatao 表示，他们对其他文化也很感兴趣，这种关注使得他们对 NFT 艺术的想法及创作活动都产生了很大的影响。亚洲的色彩、日本的漫画文化、东方哲学等等，都在影响着他们的视觉风格。实际上，厚实的黑色线条、鲜明的颜色以及 Hackatao 特有的角色都具有明显的东方特征。这些视觉要素是 Hackatao 所具有的独特审美性的根本和特色。事实上，Hackatao

---

① 杰森·贝利（Jason Bailey）创建的博客，致力于数字艺术和艺术分析领域。——编者注

的独特风格不仅象征着西方文化与东方文化的结合，还象征着他们对NFT的想法和态度。Hackatao认为，"NFT空间是没有国境的平台"。正因此，NFT艺术可以帮助生活在这个文化富饶的时代的我们博采众长，使不同的共同体变得更加亲近。

Hackatao的作品表达了他们对共同创作的世界的渴望。他们想要传达的故事不仅仅是艺术，也不仅仅是爱情，而是两种想法、两颗心、两个灵魂聚集在一起分享的特别瞬间。代币化的爱情"瞬间"，无论是有意还是无意，现在都已经存在于元宇宙中。也就是说，可以永久保存，永远被证明，永远被看见。

以下是采访Hackatao的内容。

Q：你们是怎么取出Hackatao这个名字的？有什么由来吗？

"Hack"是指进入内心，发现隐藏在其下之物的乐趣，"Tao"指的是我们的动态平衡——阴阳。Hackatao在2007年诞生于意大利，2018年，我们将第一部作品代币化。此后，虽然在展览会上展示了数字艺术，但当时我们在加密艺术领域没有像现在这样得到尊重或得到真正的理解。初期我们还以陶瓷、素描、画布彩绘、三维视图等形式进行了实验。

Q：你们是从哪里第一次知道NFT的？

我们随着NFT的存在成为现场的一部分。所有的事情都是瞬间发生的，第一次听到NFT时，我们已经涉足其中了。

Q：NFT能让哪些以前不可能做到的事情变得可能呢？

NFT赋予我们开发的数字语言以意义和价值。虽然我们是从数字艺术家开始的，但我们认为继续走这条路为时尚早，因此转向了模拟美术市场。NFT让我们重新找回了艺术的根基。

Q：你们认为NFT会改变自己通过作品讲述故事的方法吗？

肯定会的。NFT让我们可以玩弄"意义"，在此过程中，多种解释可以共存。我们还可以通过增加音效，做出更有深度、更加精细的作品。NFT艺术家在自己作品的所有权落入收藏家手中后，仍可以随时接触到该作品，因此可以持续建立与作品之间的纽带感，这种连接是无法被打破的。另外，在传统美术世界中，实物作品要通过画廊或博览会展览才能与观众直接见面，而NFT作品在公开后就能即时看到观众的反应，这一点会给创作者带来极大的满足感。这种速度感能够赋予艺术家能量和意志，来进行更多创作和共享。

Q：加密艺术家和NFT艺术家有什么区别？

加密艺术家使用NFT创造艺术，因此这两者密切相关。

Q：你们想通过自己的艺术与人们分享怎样的信息呢？

我们探索心理学、炼金术、哲学、大众文化和现代问题、政治与环境等主题。如果有人正在看我们的作品，那就是在看我们的意识流。我们也通过回顾历史学到了很多，而这些可以让我们更好地理解我们需要去填补的差距、要去做的事情、要创造的空间等。如今，人类正在被源源不断的新闻和信息所压倒，因此经常会陷入窒息的境地。为了寻找完全改变这种状况的方法，我们正在回顾过去。我们为了寻找自由而不断学习，从自然和艺术中汲取养分，来寻找答案。

Q：NFT如何改变了你们的人生？

人们往往认为一切都是以利益为中心的。我们正在独立进行创作活动，从未以创造利润为目标。NFT帮助我们持续地进行艺术活动，开发更有组织性的项目，进行更多的实验，并以此在艺术上进一步成长。

对了，我们还获得了制作纪念2021年7月在佳士得拍卖的列奥纳多·达·芬奇《熊头》（*Head of Bear*）的NFT作品[①]的机会。哇，我们根本没想过会发生这样的事情。搞艺术就像在过一个永远不会结束的暑假，仿佛回到了小时候，拥有世界上所有的时间。不，实际上就是那样。我们回到了更加自由的童年时代。

Q：在你们的NFT作品中，最喜欢的是哪一个？

太难选了！就像父母很难选出最喜欢的子女一样，我们热爱自己创作的所有作品，并饶有兴趣地关注着这些作品的旅程。艺术作品就像小孩子，自己开拓着独有的、意想不到的道路，以任何人都无法想象的方式进化着。我们公开艺术作品之后，随着时间的推移，观众赋予这些作品的意义也会发生变化。这对我们来说也是一种感受新鲜感情的经验。

Q：你们收集的NFT作品中，最喜欢的是哪一个？理由是什么？

我们完全迷上了像素艺术！特别是尼克·利特尔（Nick Little）的作品，这是我们最喜欢的作品之一。另外，我们还收藏了许多始祖加密艺术家的作品，尤其喜欢罗比·巴拉（Robbie Barrat）的作品。罗比是SuperRare交易平台上第一个将作品代币化上传的艺术家，他的第一个NFT上线背后的故事真的很刺激。他在2018年佳士得主办的"艺术与技术"峰会上免费发放了自己的300多个NFT的交换券，当时，大多数收藏家还不知道NFT艺术的力量，

[①] https://superrare.com/features/hack-of-a-bear.

所以扔掉了该交换券。据说300多个交换券实际被使用的只有12个。这些永远消失的NFT的故事还被制作成了题为《消失的罗比》（*The Lost Robbies*）的漫画。对了，《人工智能制作的裸体肖像7号》（*AI Generated Nude Portrait#7*）也是我们珍藏的收藏品之一。

Q：在你们参与过的NFT项目中，最喜欢的项目是什么？

我们与Pixel Vault[①]的PUNKS Comic[②]合作，制作了名为《朋克女王》（*The Queen of Punks*）的作品。这是从PUNKS Comic Genesis的主人公之一考特尼（Courtney，加密朋克#2146）中获得灵感的作品[③]。另一个项目是发布于ASINK平台上的《最初的晚餐》，我们与Coldie、Josie、Xcopy、马特·凯恩（Matt Kane）等12名NFT创作者一起展开了大规模的合作。我们计划今后也与众多有趣的艺术家和音乐人进行合作，希望能够尽快与大家分享。

Q：正在进行中的NFT项目，有什么可以和我们分享的？

比如前面所说的从列奥纳多·达·芬奇的《熊头》中获得灵感而进行创作的项目。很高兴佳士得邀请我们参加2021年7月的伦敦拍卖会。我们由达·芬奇的原作激发创意，制作了3D动画版本，在元宇宙世界重新诞生的熊张着大嘴，整张脸都会被我们特有的画风所覆盖，然后进行有机的运动。

Q：你们的国家是如何看待NFT艺术领域的扩张的？

NFT的世界没有国境，因此很难将其视为不同国家的概念。

---

① 一家超级英雄NFT工作室，其目标是发展成一个去中心化的漫威式帝国。——编者注
② 以加密朋克为灵感的衍生NFT项目，将加密朋克变为漫画角色。——编者注
③ https://superrare.com/artwork-v2/queen-of-punks-24404.

NFT是世界性的运动。NFT艺术正在向全新的、庞大的听众介绍区块链技术。我们正在见证新经济形态的诞生，因此希望未来"没有壁垒的世界"的认识能够更加普及。也就是说，经济落后地区的人们也可以在新的虚拟世界中活动，获得更多机会。

Q：上传作品时最喜欢的NFT平台是哪个？理由是什么？

根据艺术家想要传达的内容和作品的特性，有各自合适的平台。例如，SuperRare是很适合上传独特作品的平台，Nifty Gateway则提供了梦幻般的开放版功能。事实上，到目前为止，还没有能够称得上我们最喜欢的NFT平台。只要稍微关注这个市场的活力，就知道还有很长的路要走。

Q：你们是如何决定美术品的价格的？

价格似乎最终取决于我们的作品在市场上是如何被评价的，以及价值是如何被确定的。因此，可以说美术品的价格是由市场和收藏家决定的。

Q：Hackatao与其他NFT艺术家的不同之处是什么？

也许是引人注目的风格吧。我们的创作永不停止！在持续进行尝试的同时，不失去我们的本来面貌，也不会歪曲我们独有的视觉语言。

Q：如果Hackatao是音乐组合的话，会演奏怎样的音乐呢？

我们如果是乐队，就总会找到制作音乐的新方法。通过不断研究、结合多种风格的方式，尝试重新创造一种文化，创造出革新性的声音和节奏。大概会创作让你听了非跳舞不可的音乐。从具有民族或巫俗影响的声音，到具有北欧维京人面貌的声音，我们听音乐的范围很广泛。就像一部话剧一样，成为压倒舞台的、让观众大吃一惊的乐队，为大家带去更加强烈的体验。作为乐队的 Hackatao 将制作不同寻常的音乐，在进入其他次元的同时，也会让人想起先祖，实现古典音乐和电子音乐的跨界融合。

Q. 如果你们的故事被拍成电影，你们认为谁将扮演你们的角色？

如果 Hackatao 的故事被拍成电影，虽然不知道谁会扮演我们，但从美学上看，应该会与韦斯·安德森（Wes Anderson）的电影相似。因为电影《布达佩斯大饭店》（*The Grand Budapest Hotel*）中的简洁构造和几何学结构抓住了我们的心。从故事情节方面来看，大卫·柯南伯格（David Cronenberg）的《童魇》（*Spider*）或斯坦利·库布里克（Stanley Kubrick）的《发条橙》（*A Clockwork Orange*）等情节中都有我们的身影。另外，从我们的艺术能和现实的多个方面融合在一起，进行多种解释这一点来看，也有大卫·林奇（David Lynch）的《穆赫兰道》（*Mulholland Dr.*）的样子。如果是电视剧的话，就会和《神秘博士》（*Doctor Who*）或《怪奇物语》（*Stranger Things*）、《鬼玩人之阿什斗鬼》（*Ash vs Evil Dead*）相似。我们也从经典恐怖片和文学中得到很多灵感。

Q：对想要将自己的作品制作成 NFT 的新人艺术家有什么建议吗？

我想告诉大家，不要单纯地认为这个世界是能够获得巨大利益的地方。那不是搞艺术的正确方法，而是一种错误的态度。进入 NFT 世界后立即取得巨大成功的想法只不过是一个神话。如果想在活跃的 NFT 艺术社群中活动，就需要尊重该社群，努力成为其中的一部分。即使有时事情没有按照自己的想法发展，也不要停止创作活动，借此机会将自己的精神锻炼得更加坚强，把消极的东西转变为积极的，多学习和进步。希望他们不是因为别的理由，而只是因为喜欢艺术而进行创作活动。

Q：你们会用哪句话来表达自己 100 年后想被记住的样子，或者是自己对待艺术的样子？

"虽然所有人都能看到，但只有一个人能够拥有"，我认为这句话很好地诠释了目前 NFT 领域的话题。

Q：最后，如果举行派对，你们想邀请谁？

为了能够和客人进行对话，我们想请他们吃一顿亲密的晚餐。会有尼采，还有列奥纳多·达·芬奇、23 岁的年轻的爱因斯坦、希帕蒂亚（Hypatia）、安迪·沃霍尔（Andrew Warhol）。我们还想邀请摇滚乐队金发女郎（Blondie）、海蒂·拉玛（Hedy Lamarr）、塔玛拉·德·兰陂卡（Tamara de Lempicka）、Pak。感觉会是一场很棒的派对！

采访：卡洛斯·马西亚尔

卡洛斯·马西亚尔对待作品的态度始终如一。他通过创作来用心讲述自己想要表达的关于加密世界的故事。在将美术作品代币化时，他会对该作品永远保存在区块链的事实怀有敬畏之心，并努力通过作品表现出来。他说："这种感觉就像自己在永恒不灭的数字石头上刻字一样。"他的代表作"无限房间"（*Infinity Rooms*）系列不仅仅是代币化的作品，而且是从他内心深处发出的信息。他坚信，分享这样的信息是艺术家所肩负的责任。对于自己作为NFT 艺术家的作用及信条，他是这么说的："如果知道自己通过作品想要表达什么,那么就应该了解如何更好地表达。"

卡洛斯的作品不仅展现出他作为数字艺术家在表现作品时所产生的个人苦恼,还表达了压抑创意性的韩国社会制度体系的不合理性。对想要进入 NFT 世界的众多数字艺术家来说,卡洛斯的故事应该非常熟悉。这也是他想和新人艺术家们共享的亲身经历。有人可能会认为卡洛斯在加密艺术领域取得成功是一夜之间发生的事情,但实际上,他的成功是作为自由数字艺术家,在设计工作室和区块链公司工作十多年的成果。他说,为了得到外包制作费,曾经的自己像转轮一样在原地反反复复,从上午 9 点到下午 5 点,每天都是千篇一律的样子,不是为了自己,而是为其他人的前景而持续毫无意义的人生,不仅是精神,连灵魂也变得疲惫不堪。是加密艺术切断了他与永远重复的不幸生活之间的纽带,不仅给他带来了创意性自由,还提供了实现家庭财务自由的对策。

他非常感谢那些帮助他进入该领域的人,每当想到他们,他都会激动不已。他说,加密艺术家 Coldie、Xcopy、Robness、Max Osiris 为像自己一样的艺术家能在加密世界进行创作活动开辟了道路,并建立了相关社群。NFT 领域的这些传奇艺术家给他带来的影响,让他觉得自己也应该帮助现在的新人艺术家们取得成功。他想给新人艺术家们提供一点看似简单但做起来并不容易的建议:"请关注数字之上的东西。"

当然,卡洛斯也很清楚,新人艺术家要真正做到那样进行艺术活动是多么困难的事情。

"当我第一次了解 NFT 艺术时,我只看得到数字,高价的 NFT 交易十分吸引眼球。说实话,刚开始谁都会这样。但是,随着越来越深入地理解NFT世界，就会拥有理解NFT真正价值的思考方式。因为你会逐渐睁开眼睛，看到能够将你的作品永远保存在区块链上这一事实是多么强大。"

正如这种力量改变了他自己的生活一样，他认为，自己的责任与义务是让其他人了解并关注加密艺术运动，并参与其中。

卡洛斯认为，包括自己在内的所有参与NFT世界的艺术家，都有自己特别的作用。他认为加密艺术是美术史上的重要艺术运动。在谈到印象主义、超现实主义、达达主义等艺术运动对美术史的巨大影响时，他解释说："当时谁也不知道这些运动会对美术史产生什么样的影响。"他为自己为加密艺术发展成美术史上浓墨重彩、载入史册的艺术运动做出了贡献而感到自豪。

在讨论NFT的艺术史价值时，他引用了艺术界常用的表达方式。他在KnownOrigin NFT交易平台上介绍自己是"后后现代数字艺术家"，并提及了弗朗西斯·福山（Francis Fukyama）的著作《历史的终结与最后的人》（*The End of History and the Last Man*）。"我曾以为美术界不会再有新的东西，但是加密艺术和NFT改变了我的想法。加密艺术的叙事在不断变化着。作为发展NFT世界的主体，我们正在共同书写我们这一代和下一代的美术史。所以我认为自己不是后现代艺术家，而是后后现代艺术家。"

卡洛斯希望新人艺术家们在听到自己过去的经历时，能将NFT当作可以享受其中，并进行各种实验的对象。他深知作为艺术家，创作、赚钱、成功并不容易，也深知NFT领域不是一个容易成功的地方。但是他坚信，如果艺术家们抱着NFT是将自己专属的作品故事永远保存在"数字石"上的信念，默默地进行创作活

第四部分 通过名人采访评价 NFT 的价值

动,不断积累,会对在该领域成功有很大的帮助。他还说,希望新人艺术家们不要像自己一样,用十多年的时间才取得成功。事实上,他希望新人艺术家能够摆脱"艺术家应该挨饿"的典型叙事,并带头改变这种叙事模式。

他还认为,"学习"是引领职业旅程取得成功的重要钥匙。因此,他建议新人艺术家们真诚地对加密艺术市场进行学习,在讨论 NFT 时,不要像销售商品的推销员一样说话,而是以真诚的态度对待,最重要的是,要有自己能自信地说出来的东西。

"不会那么容易的,也不会在一夜之间成功。但是,当积累了可以这么说的实力和知识时,就会像喝了一口美酒一样,非常甜蜜。""越了解 NFT 和加密艺术,就越会深陷其中。虽然我花了 10 年时间才走到这里,但我不想改变这段旅程的任何一个部分。"他露出能够刻在数字石上的发自内心的微笑补充道。

以下是对卡洛斯的主要采访内容。希望大家能够沉浸在他充满魅力的故事中。他的作品可以在 SuperRare、Nifty Gateway 及 KnownOrigin NFT 交易平台上看到。[1]

Q:对您的人生影响最大的人是谁?

是我人生中的女性们,即妻子、岳母、母亲、外婆和女儿们。她们支撑着我的生活,帮助我避免误入歧途,给我灵感。我的大部分艺术感受都来自她们。对我的人生产生巨大影响的,我所珍爱的很多东西应该都来自她们。总而言之,她们的存在本身就让

---

[1] https://superrare.com/carlosmarcialt.
https://niftygateway.com/profile/carlosmarcialt.
https://knownorigin.io/carlos-marcial.

我对艺术充满了热爱，我从母亲那里感受到的尤其多。

我的母亲在波多黎各最大的大学——波多黎各大学教西班牙语。后来，她为了获得历史学博士学位而继续学习，当时还写了一本关于波多黎各美术市场历史的优秀书籍。母亲花了很多时间卖艺术品。刚开始，她没有钱，也没有画廊。有一天，母亲去了波多黎各一家富有历史意义的酒店，看到墙上没有画，就和酒店老板达成了协议，以将波多黎各当地艺术家最棒的美术作品带到酒店为条件，与酒店分享收益。母亲做了好几年这项工作，我也受此影响，成为美术市场的"行家"。

Q：谈谈您对待艺术的心态？

我的将作品代币化之路，是从理解了储存在区块链上的任何东西都不会受损、不会改变开始的。这种领悟让我从一开始就以正确的姿态接近 NFT 艺术。我明白区块链的这种特性实际上是所有艺术家的最终需求。创作者想以某种方式保存自己的艺术作品，而区块链就可以解决这一问题。如果你开始理解区块链的意义，就会自然而然地将其与照片墙、Twitter、脸谱网等中央集中化的数字平台进行对比。从历史上来看，数字艺术家一直在这些平台上传艺术作品。但是你有没有想过，如果照片墙或脸谱网消失，你发布的社交媒体帖子会怎么样？能够把我的作品刻在永远不变的数字之石上是非常有魅力的事情，这就是我对待艺术的心态。

Q：加密艺术社群和传统艺术社群有什么不同？

在加密艺术社群里，所有人都很欢迎我，我真的是受到了热烈欢迎，因此积极参与到与社群成员们的 Twitter 对话中。这也是我沉迷于加密世界的主要原因。我想要感谢 Xcopy、Hackatao、Coldie 等艺术家，他们特别欢迎我。对了，我还想对卢乔·波莱蒂（Lucho Poletii）表示感谢。我与 Alotta Money、特雷弗·琼斯（Trevor Jones）在同一时间进入加密艺术世界，已经在这个世界很活跃的 Robness、Coldie、马克斯·奥西里斯（Max Osiris）都倾听了我的心声，还和别人分享了我的艺术。这是我在艺术生涯中第一次感受到如此温暖的感觉。在加密世界之外建立这种关系并不是容易的事。

没过多久，新型冠状病毒肺炎疫情就扩散了，我总是对人们说，多亏了加密艺术社群，我才能在这个时期生存下来。不仅仅是金钱方面，无论从精神上还是心理上，我所在的加密艺术社群真的帮了我很多。

Q：加密艺术和 NFT 的初期是怎样的？

这要追溯到新型冠状病毒肺炎疫情之前。当时参与到加密艺术世界中的人并不多，无论是艺术家还是收藏家，人数都比现在要少得多。但是真的很有趣，也没有什么压迫感。我们互相分享各种经验，彼此同舟共济，一起前进，只觉得很开心。这对我们大家来说都是新的体验。虽然我们知道是在做新的事情，但并不完全理解正在发生什么。现在回想起来，我们当时似乎正在奠定加密艺术世界的基础。

这种巨大的变化也是世纪之交会发生的事情。美术史上重要的艺术运动以及巨大的变化总是在世纪交替时发生的。离我们最近的 20 世纪，印象主义、超现实主义、达达主义是那个时代的特征，而加密艺术和 NFT 是能够与这些运动媲美的，属于 21 世纪的巨大变化。我认为，过去发生的艺术运动是从共享想法、志同道合的艺术家或其聚会开始的。但是，在发生这种艺术运动的当时，并没有人能够理解该运动会朝着什么方向发展。历史是反复的，现在在加密艺术社群和艺术界出现的局面与以前的艺术运动非常相似。

Q：加密艺术对艺术家的人生产生了怎样的影响？

我发现了自己内心潜藏着的艺术家精神。我过去为了赚钱而不断孤军奋战，一直奔波于各个摄影棚，从一个顾客到下一个顾客。我也做了很多不想做的项目，比如碳酸饮料广告或是运动鞋广告。我觉得这些毫无意义的事情正在践踏我的灵魂，我必须摆脱这个恶性循环。虽然听起来可能很老套，但作为艺术家，绝对不能忘记当初开始创作艺术作品的单纯性，那种热情永不消退。我为了赚钱而出卖着灵魂。

但讽刺的是，我开始通过NFT出售作品后，人们才说我是出卖灵魂的人。这类文章在Twitter有很多。这种逻辑是怎么来的呢？作为艺术家赚钱的话，就会失去艺术精神吗？

事实恰恰相反。以前不能为自己创作艺术作品时，强迫自己为了自己根本不在乎的产品销售而工作时，我仿佛失去了灵魂。在那种每天为了生存而挣扎，为了交房租而赚钱的情况下，我没有时间和精力去关注灵魂。如果有从那种生活中解脱的出路，有摆脱贫困和绝望的恶性循环的办法，难道不应该选择那条路吗？我通过加密艺术重新找回了灵魂。我认为金钱不是万恶之源，虽然可能会放大恶的一面，但我想要改变"艺术家就应该挨饿"的叙事方式。我认为加密艺术和NFT能够做到这一点。

第四部分 通过名人采访评价 NFT 的价值

Q：想通过艺术讲述怎样的故事？

有几点。刚开始制作加密艺术时，我想传达"Fiat est violentiam"的信息，拉丁语中意为"名义货币[①]的暴力性"。其实更准确的说法是"pecunia es violentiam"，但这是旧式拉丁语的表达。我认为人们会觉得"pecunia"不如"fiat"那样容易理解，所以决定使用"fiat"。我认为自己已经准备好向别人讲述自己与加密世界紧密相连的故事，所以推出了与该主题相关的收藏品。我想告诉人们，为什么加密世界对我来说很重要。另外，我还想谈谈为什么

图 4-2　卡洛斯·马西亚尔的《名义货币》(*Here Comes Fiat*)

出处：作者提供

[①] 指各国主要流通货币的法定单位。——编者注

比特币对我来说很重要，以及它是如何改变我人生的。曾完全相信政府发行的名义货币才是世界上存在的唯一货币的我，为什么永远摆脱不了贫困呢？可以安全地从北京向墨西哥汇款，免受通货膨胀的威胁，且具有数字稀缺性的加密货币吸引了我，我想让其他人知道这一点。后来，当我知道了 NFT 和加密艺术世界的时候，我是这么想的，"哇，这真是全新的世界啊"，所以我也想让大家都知道这个世界。

我听到一位阿根廷作家介绍我的作品时，感触颇深。他评价说，我的作品是"用头脑思考艺术作品的故事，并用心灵去解释它"，这样的评价很好地展现了我的艺术世界。我认为自己是用头脑构思出加密故事，以过去的经验赋予这个故事感性要素，并用作品表现出来。在创作的过程中，可以更好地看到我感性的部分，因此我制作了代表作"无限房间"系列。这个作品和我以往的作品不同，不是关于加密货币世界或名义货币的故事，而是关于通过区块链进行铸造的故事。在这个作品中，我想表现永远奔跑的样子，想表现这是无限的。

精神分析学家西格蒙德·弗洛伊德在他的书中说："人是执着于死亡的动物，因此艺术家是把时间变成木乃伊的人。"埃及人不是想把死者变成木乃伊并保存下来吗？弗洛伊德说，这是因为人们执着于死亡，害怕死后被遗忘，所以艺术家为了永远保存时间而努力，这在"无限房间"系列中似乎很好地体现了出来。我想通过这些无限的房间，让我的感情在死后也能继续奔跑，能够永远持续下去。

Q：保存加密艺术的历史对您来说有多重要呢？

现在它对我来说是最重要的事。这也是艺术家的历史责任，艺术家应当保存当代的历史和故事。我认为这是对参与加密世界或NFT社群的我们来说最重要的责任。让我们想想将要写关于NFT的毕业论文的未来艺术专业硕士生吧。写论文时需要引用研究内容，他们要写关于谁的什么内容，将对我们现在这一瞬间在未来被如何记住产生很大的影响。

有一次，我去墨西哥的一家书店时，看到了一个美术相关图书的区域，关于各种艺术运动的书籍比比皆是，被视作最近的艺术运动的是街头美术（广泛涵盖野外展览、涂鸦、壁画等的美术）和涂鸦艺术（在墙壁或其他画面上创作，如用喷漆画的画）。我坚信有关NFT的内容会被记录为下一次艺术运动。

Q：作为艺术家，了解自己想做什么似乎是一件异常困难的事情。您是怎么知道的呢？

我平时也经常会思考类似的问题。"我为什么要创作艺术作品呢？""为什么在创作时选择某种特定的颜色和质感？""什么时候、怎样才能弄清楚我想讲的故事？"我也经常思考该如何回答。我预料到此次采访中也会出现这样的问题，并考虑了很久如何用容易理解的话来回答。但说实话，我真的不知道该怎么说。我的艺术很大一部分来自学习艺术知识、了解艺术界巨匠等方面。因为当你学习这些巨匠为什么从事艺术活动时，你也会思考自己为什么要进行创作。但这个问题似乎真的很难回答。这是实际存在的问题，大概我以后也会持续问自己这个问题。

了解自己是谁，以及自己想成为什么样的人是非常重要的，找出答案则非常困难。艺术家作为这个社会的成员，也应该遵循社会规范生活,但同时也不应被这些埋没,而是要努力寻找自己是谁、想要的是什么。

Q：社交媒体对加密世界中关系的形成有何影响？

我认为,今天社交媒体和区块链的优点是可以形成全球性社群。在线下世界,偶尔也会和邻居们进行简短的对话,但仅此而已。我经常对话的真正邻居在社交媒体或 Twitter 上。在线上则可以不受时间和场所的限制,和他们交流几个小时。

Q：如果要对进入加密艺术世界之前的自己提点建议的话,您会说什么？

我想说的是,要正确理解稀缺性实际上意味着什么。虽然不一定要对技术本身十分了解,但应该理解稀缺性在概念上意味着什么。"稀缺性"不是自然发生的,而是人类创造出的概念。虽然我们认为黄金是地球上最稀有的资源之一,但总是存在更加稀缺的东西,例如陨石。因此,我会要求过去的自己更深入地思考如何去理解稀缺性,应该具有怎样的洞察力。作为艺术家,我们不能停止创作活动,但我认为这并不意味着应该把创作的一切都代币化。特别是从稀缺性的观点来看,我想说的是,在选定代币化的作品时,有必要更加严格。

Q：在 Twitter 上,艺术家有没有与收藏家联系而不会被当作发骚扰信息的方法？

参与对话吧,而且要成为对话的一部分。这不仅仅是我个人的想法。听说营销专家加里·维纳查克（Gary Vaynerchuk）要进入 NFT 市场了,所以我从今天早上开始看他的录像,感觉很不错。他是一个非常了解为了在社交媒体空间获得一些东西,应该如何与人们沟通的人。我认为他使用的方法也适用于你与收藏家之间的沟通。真诚地进行对话很重要。例如，如果主题是NFT，那么就努力进行关于NFT的深入对话吧。如果看到收藏家们在社交媒体上进行对话，就首先努力通过这些了解他们是什么样的人。另外，你还可以看到所有NFT交易平台上都进行了什么交易，仔细观察最上层的收藏家都是谁，在收集什么样的作品。我认为学习这些是个很好的出发点。

Q：对于艺术，有什么是后来才领悟到的？

可能太简单，听起来有点傻，就是"艺术对人们的生活来说有多么重要"。虽然我知道自己对艺术很有热情，但不知道自己的作品会把我和许多收藏家联系在一起。然而，通过与他们进行对话，我明白了艺术的意义是多么重大，多么难以估量。我绝对不是宗教人士，但我认为自己是"通灵"的，艺术对我来说是一种后现代宗教。过去的所有哲学教诲都已死亡，我们不相信我们的祖先说过和做过的很多事情，因此应该重新寻找世界的意义。很多人从艺术中寻得其意义，这就是我领悟到的教诲。而这种教诲对作为艺术家生活的我来说是一种很大的责任感。

Q：新入门的艺术家开始将自己的作品代币化时，应该考虑些什么呢？

我在创作艺术作品时重视艺术的部分，而对经济方面则没有太多的考虑。但我认为艺术家们应该好好理解加密艺术的历史，并彻底学习相关的艺术市场。在学校很难听到有关艺术的商业方面的课程，关于美术市场本身的课程也非常少见。了解韩国或西方美术市场具有代表性的收藏家都是谁，也会很有帮助。事实上，这是非常重要的信息，却很难找到，因此很多艺术家都面临着困难。虽然大部分艺术家都是因为热爱艺术而进行创作活动的，但在想要将其收益化时，他们并不具备能够实现这些的工具或是知识。10年前，当我20多岁的时候，如果有某个人能够引领我就好了——一个可以就构建属于自己的作品市场的方法、接近收藏家的方法、使用社交媒体的方法、选择数字道具的方法等方面提出建议的人。

虽然这句话有些不同，但我想说的是，失败也很重要。我过去作为自由职业者，经历过悲惨的失败，但我通过这些学到了很多。其中最重要的就是，过去的那种失败，让现在这一瞬间更加令人感激和感到幸福。

Q：如果您要写书，您会起什么题目呢？

可能听起来不像是一本严肃的美术书，而像是自我开发书，但我会取名叫"如果你觉得你能做到，就真的能够做到"。

Q：最后，到现在为止，您对您的加密艺术之旅有什么看法？

每当我认为自己作为一名加密艺术家获得了成功时，我就会有一种奇妙的感觉。有时一个人陷入沉思，会变得极度感慨。想想过去无数次的失败是如何造就现在的我的，就能更加清晰地看到现在的自己。越是陷入对过去的思考，当下的成功就越是美好，越是有滋味，越是像"真实"的现实。

采访：不详先生

"不详"是指不清楚的意思。与名字不同，他的NFT作品却将"不详"打造成了一个世界性的名字。他已经是世界上最知名

第四部分 通过名人采访评价 NFT 的价值

的东方 NFT 艺术家了。也许正是因为之前世人的关注都集中在成功的西方 NFT 艺术家身上，他才能够不被别人发现，全身心投入创作活动，从而形成了近乎狂热的粉丝群。不详先生通过作品讲述了职场文化中蕴含的文化感情，让他迈进世界级 NFT 创作者行列的第一部作品也是包含了这种感悟的"现代生活一文不值"系列。

该 NFT 系列包含了竞争激烈的职场文化，展现了工薪阶层为了在艰难的生计前线上生存下来而奋斗的典型日常生活。工薪阶层偶然遇到了"不详先生（与创作者同名的角色）"，而从日常束缚中艰难地摆脱出来。"现代生活一文不值"系列的最后一部作品是

图 4-3　不详先生的《金钱工厂》（*Money Factory*）

出处：作者提供

《#12.不详先生与加密世界》(#12.*Mr.Misang & Crypto World*),这部标志性的作品描绘了他到达元宇宙的样子。更详细地说,是他的角色瞬间移动到了去中心化的假想土地"CryptoVoxel"上。他到达元宇宙的事件反映了他的真实人生故事,因此更为重要。因为这将发现 NFT 和加密艺术社群前后的生活故事进行了对比。

不详先生在过去的 10 年里一直作为插画师活动着,服务的客户有三星、现代汽车、韩国拳头游戏等,有着相当不错的顾客名单。但是现在,不详先生拥有了一个信任自己作品的收藏家社群。他的"现代生活一文不值"系列从多名收藏家那里获得了 200 万美元以上的资金。目前,他在 SuperRare 交易平台上的艺术家历史交易名单中名列前茅。然而,他谦虚地说,虽然自己的作品正在以高价交易,但他希望这些金钱因素不要成为制作和销售 NFT 作品的决定性理由。相反,他期待看到利用 NFT 艺术和元宇宙的更多艺术尝试。

不详先生表示,希望不要仅凭自己初期的成功就被认为是代表社群的领袖。但不可否认的是,他已经成为韩国 NFT 艺术社群内提供灵感的代表性人物。目前,韩国年轻的数字艺术家们已经开辟出新的道路。在各种虚拟空间里,很多人热衷于他卓越的艺术才能和对现代社会焦点的独特诠释。不详先生在元宇宙中通过像素与世界分享自己的故事。他的作品让我们思考,为了拥有物质、地位,我们对这种反复循环的日常生活究竟能容忍到什么程度。

以下是对他的采访内容。希望在不详先生的人生旅程中,你也能以艺术家或收藏家的身份,获得关于艺术和文化意义的灵感。

在 SuperRare 和 KnownOrigin 交易平台，或是可以称作 NFT 社交网络平台的 Showtime 上都可以看到不详先生的作品。[1]

Q：2021 年，您成为韩国最优秀的 NFT 艺术家，在此之前您都在做些什么呢？

我在接 Big Hit 娱乐[2]、现代汽车、韩国拳头游戏等企业的外包业务维持生计，并抽空进行着个人项目。"现代生活一文不值"系列也是在那样的生活中进行了几年的项目。虽然我认为当时的职业发展还不错，但事实上我的生活已经非常疲惫。我觉得不能一辈子只做外包，那种生活基本上是"等待某人提案的被动生活"。因此，为了完全自立，我摸索了各种出路。我曾考虑过要不要销售印刷品或周边产品，还认真地准备在创作者赞助网站开通赞助，甚至已经进行到给赞助项目的各个赞助等级取名字的最终阶段。在这种情况下，我了解到了 NFT，并全身心投入到 NFT 中。

Q：您的美术背景是怎样的？

我从小就开始画画。我非常喜欢漫画，对艺术整体都很感兴趣。在 20 岁出头时我曾短暂学习过动态影像设计，也曾为了成为摇滚明星而组建过乐队。另外，我还一度花费了很多时间来写文章。然后我领悟到不可能做好所有的事情，后来，大约在 2015 年时，我决定要当一个插画师。

Q：您要如何定义 NFT？

---

[1] https://superrare.com/mrmisang/creations.
　https://knownorigin.io/mrmisang.
　https://tryshowtime.com/MRMISANG
[2] 韩国一家以音乐为主的全方位娱乐公司。——编者注

以区块链为基础，证明数字资产的所有权，并使所有权的交易变得可行。

Q：您了解到 NFT 的契机是什么？

2021 年 1 月 1 日，一位名叫 bbo_art 的朋友在照片墙的故事栏中上传了"不详先生将会彻底震动加密艺术世界"的文字，并标记了我。我发消息问他什么是加密艺术，他详细地说明了 NFT 是什么。这就是一切的起点。

Q：NFT 能够实现以前无法实现的哪些事？

在作品的价值得到认可后，我就能做之前无法尝试的事情了。例如，将名为"现代生活一文不值"的复杂插图系列动画化。这真是"疯狂"的企划，是需要花费大量时间和劳动力的工作，如果不

图 4-4　不详先生的《奇怪的梦》（*Odd Dream*）

出处：作者提供

是能够在某种程度上预计报酬，我是肯定不敢尝试的。

Q：NFT 改变了您在艺术作品里构思故事的方法吗？

方法并没有改变，只是增加了密度而已。

Q：您的艺术作品表现了韩国社会根深蒂固的热点问题，您对想要传达的信息还有进一步的说明吗？

从"现代生活一文不值"系列中看到的就是全部了。事实上我反复说过很多次，该系列所表达的信息已经是科幻小说中的陈词滥调了。我经常被问到"请说明一下这个系列传达的信息是什么"这类问题，我其实对此感到很震惊。但是也请不要误会，这些提问是很好的！只是这些问题让我感到很神奇。因为这里面没有"言外之意"，看到什么就是什么，这就是全部。我只是就如何表现科幻小说中的那些故事进行了思考，这就是我作品的核心。

总之，再补充回答一下这个问题，我的下一个作品计划制作比"现代生活一文不值"这一系列更小的故事。更小意味着每一个作品会有特定的主题。例如，"现代生活一文不值"系列可以说是一个由 11 张画所串联起来的故事，下一个作品则更像是一部共享相同世界观的作品集。虽然仍然是"同一个世界中的故事"，但可以认为每个单独的作品都变得更加重要。

Q：对您影响最大的艺术家是谁？

"现代生活一文不值"是将我 2016 年创作的插图系列重新制作而成的，因此不可能受到 NFT 艺术家的影响，时机并不匹配。但我有平时非常尊敬的艺术家。虽然有很多，但一定要选择一位的话，就是让·吉罗[Jean Giraud，笔名默比乌斯（Moebius）]。

Q：您是如何从传统艺术世界转到 NFT 艺术世界的？

我是因为确信制作我想表达的东西能够赚钱，所以才开始的。在初期，制作NFT本身并不算难，但理解NFT的概念十分困难。我本来就是与图像、动画打交道的，而且也会制作声音（虽然不算专业），所以转换起来并不太难。

Q：NFT是如何改变您的生活的？

在碰到NFT之前，我的生活也还不错。我的事业进展良好，也赚了不少钱。但归根结底，我的生活形式就是等待企业的委托。现在什么都不用等，我就能自主地创作作品。所以我认为自己的生活变得更加积极了。

Q：最喜欢的NFT是哪个？理由是什么？

难以确定是哪一个，因为有很多优秀的作品不断出现。最近，我认为约翰·奥赖恩·杨[1]（John Orion Young, JOY）创造虚拟世界的方式很有趣。

Q：您收集了怎样的NFT？理由是什么？

李允成、Subclass、08am、Joyjo、乔恩·贝纳特（Jon Beinart）、扬·哈科恩·埃里克森（Jan Hakon Erichsen）的作品，理由是因为好看。扬·哈科恩·埃里克森的作品是NFT世界中少见的行为艺术作品，这一点非常有趣。

Q：全世界的NFT美术领域都在成长，对此您怎么看？

其实我不太清楚。但是我很期待看到NFT将如何成长和改变游戏或元宇宙内的项目。

Q：您认为NFT美术在韩国是如何成长的？

---

[1] https://www.joy.world/joys.

第四部分 通过名人采访评价 NFT 的价值

从几个月前开始就觉得已经沸腾了。其实我认为现在还在沸腾，很快就会爆发性地成长。在我看来，不仅是韩国，整个亚洲都会迎来第二次浪潮。

Q：您是如何制定 NFT 作品的价格的？

我售出的第一个作品《#01. 奇怪的梦》在进行拍卖时，我将进行相同质量的外包业务时收到的最低金额设定为了起拍价格。之所以这么做，是因为我认为如果最终价格超过了这一金额，我就可以放弃外包业务，完全投入作品创作中去。

Q：您现在跟随着怎样的 NFT 美术趋势？

没有跟随什么趋势。不，也许是因为跟不上。正如前面所说，我正在把我过去绘制的插图系列动画化，这种工作不可能跟得上现在的趋势。

Q：想给创作 NFT 之前的自己什么样的建议？

"你做得很好了，继续加油吧。"

Q：想给新人 NFT 艺术家们怎样的建议？

我想说的是，一定要创造自己的世界，展示出来并让人们投入其中。但那个世界不一定非要十分宏伟。

Q：您会选择哪三个词来概括自己？

工作，工作狂，努力工作的人。

Q：您会选择哪三个词来描述自己的艺术？

颜色，执着，玩笑。

采访：夏允

夏允博士是国际著名的脊柱神经外科医生，目前担任延世大学神经外科教授，还兼任韩国、日本两国和中国台湾省的神经外科医学会发行的世界级国际脊柱学术杂志《脊柱神经》（*Neurospine*）总编。由于2020年新型冠状病毒肺炎疫情大流行，夏博士的重要海外演讲日程被取消，对因这件事而伤心的他来说，通过iPad（平板电脑）进行创作活动是一道曙光。这也是他重燃过去想要跟随父母的脚步成为艺术家之热情的一个转折点。

多亏艺术家父母，夏博士从小就培养了艺术才能。他的母亲在高中教美术，父亲则是韩国现代美术界的大师之一。母亲为了培养夏博士的创造力，在其4岁时就让他拿起了蜡笔，在夏博士升入初中和高中后，还建议他使用水彩和丙烯颜料进行创作。

图 4-5 夏允的《美丽的大脑》（*Beautiful Brain*）

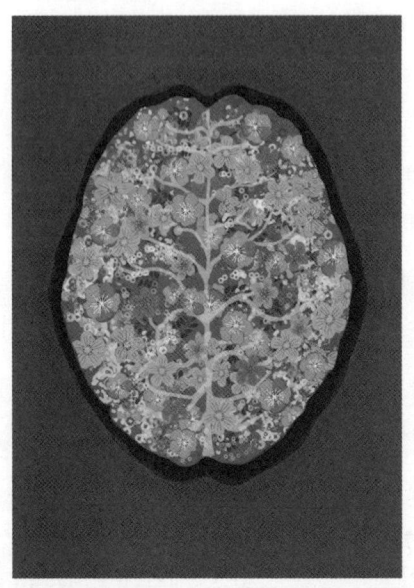

出处：作者提供

他表示，虽然走上艺术家的道路就像他的家族传统一样，但由于学业竞争和升学考试的压力，他很难将精力完全集中于创作上。另外，他知道在韩国作为专职艺术家生活是一件非常困难的事情，所以决定先考入医科大学。他说："之所以选择医科大学，是因为我相信毕业后成为医生，也能走上艺术家的道路。"这也是需要在稳定的前途和孤军奋战的艺术家生活之间做出选择的众多韩国学生的故事。

虽然走上了医务人员的道路，但每当有自由时间时，他都会画画。在旧金山医科大学担任特聘教授的那段时光被夏博士作为特别的记忆珍藏。因为在那里，他钻研了自己的主要特长——丙烯酸彩绘和水彩画。每每谈到自己作为艺术家的旅程时，他的声音中就会流露出巨大的喜悦和自豪感。因为每当生活中遇到黑暗的时刻，帮他找回快乐的就是艺术。

在对夏博士的采访过程中，他身后的墙上挂着一幅美丽的画。这个作品融合了热情的玫红色背景和人类大脑的轮廓。轮廓中盛开着形形色色的花朵，仿佛要从画布中跳出来。他说，是樱花盛开时某一天的野餐给了他这幅表现人与自然关系的作品以灵感。作为神经外科医生，他对人脑的兴趣延续到了开发一种名为"大脑映射"的新创作方法上。

"大脑映射有两种方法。第一种是在大脑上放置地图，相反，第二种是在地图上放置大脑。"

他自豪地解释道。这幅在采访过程中吸引着我的画，就是选择了第一种方法来刻画的。填满大脑的丰富色彩的盛宴代表着人生的各种回忆。用花来表现的各种颜色是存在于回忆中的一个个

图 4-6　夏允的《加州大学旧金山分校 北纬37.7627°，西经122.4579°》(*University of California San Francisco 37.7627° N, 122.4579° W*)

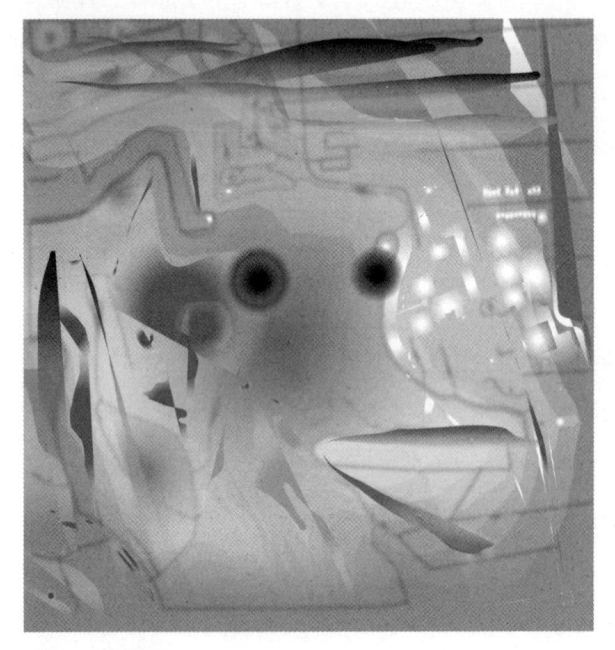

出处：作者提供

"瞬间"，它们聚集在一起，呈现出完整的经验。在谈到这些特别的瞬间时，夏博士的微笑让人难以忘怀。

大脑映射的第二个版本是他所说的"在地图上放置大脑"。这一方式可能与他具有逻辑、科学性的左脑有关。

"我首先在谷歌地图上选择对我来说十分重要或具有历史意义的地点，然后只在地图上画画。"

夏博士解释说，地图上的符号都是已经约定好的存在。一般来说，人在看地图时，会看到象征江、桥、公园、学校等的各种

第四部分 通过名人采访评价 NFT 的价值

符号,即使是来自不同文化背景的人,对这些符号也赋予同样的意义,因为这是社会上约定俗成的概念。他说,他想要无视这些约定俗成,表达只属于自己的艺术想法。

"我把地图上的各种符号作为表现我艺术思想的要素。"

他信誓旦旦地说。他用多种方法分析同一个物体的方式将我们的对话引向了下一个主题,即他对 NFT 将成为人们创造和评价艺术行为本身的新定义的未来展望。

夏博士的 NFT 旅程起到了路线图的作用,帮助其他传统艺术家充分理解 NFT 的价值并对 NFT 产生兴趣。NFT 对他们的作品进行真伪认证,并提供新的流通网。最重要的是,和夏博士的情况一样,NFT 可以成为一份治愈的礼物。他通过 NFT 找到了向世界传达自己故事的新方法,用地图描绘人脑的复杂,也结合了自己的过去。他说,即使 NFT 不能治愈人的大脑,也能够治愈崩溃的内心,就如同 NFT 让自己对生活的热情复苏一样。

以下是采访夏博士的内容。我认为通过他的故事,您对 NFT 的热情将会进一步加深。

Q:您是如何开始学习美术的?

当时大概是 5 岁吧,母亲把小区的孩子们叫到家里教他们画画。从那时起我就开始和小区的朋友们一起一边玩一边画画了。

Q:第一次听说 NFT 是在什么时候?

2020 年,一位在美术领域活动的朋友以可替代代币的相对概念向我解释了 NFT。当时我听说美术作品就是典型的 NFT。虽然刚开始对这个概念很陌生,但在阅读了相关文献,浏览了 Youtube 上介绍的 NFT 相关国内外资料后,我知道了这是在新的变化时期里，赋予数字美术作品价值的重要概念。艺术活动往往是对新鲜和变化的一种刺激，这一点让我感到非常有趣。我推测，未来NFT会在全世界人类的同意下，附带着资本的价值爆发性地成长。

Q：您对NFT的定义是什么？

从概念上看，我认为所有数字及实物资产都是NFT。仅局限于美术领域的狭义定义，可以说是"数字资产化的美术品"。

Q：您是如何从传统艺术世界转到NFT艺术世界中的？

因为对油画、水彩画、丙烯画等传统的美术表现工具很熟悉，所以转换成数字表现工具并不算难。各种美术作品创作应用程序都提供了与现有的美术表现方法十分相似的界面，因此只要投入一点时间和努力，就完全可以转换为数字美术。当然，视频和3D等需要投入更多的努力和时间，因此对我来说仍然是一个充满巨大挑战的领域。我认为，近年来急剧变化和发展的人工智能、机器人、数字社会主义、基因信息、新型冠状病毒肺炎疫情应对等代表着第四次产业革命的一系列急剧的社会和文化变化中，美术的表现和交易也到达了新的拐点。

如果说现有的美术作品是由静止的图像和色调赋予的独特质感及立体感相互协调所创造出的艺术，那么以NFT为代表的数字美术资产则可以利用更丰富的数字表现方式和要素，表达出与传统美术不同的独特美学表现，这一点是十分有魅力的。同时，通过网络可以直接与全世界的美术爱好者进行作品交易，我认为这一点具有巨大的潜力。

Q：NFT是如何改变您的生活的？

在有着数百年历史的现有传统美术中，创作者—画廊—收藏家这一流通结构被习惯化、固定化。与此不同，NFT是创作者和喜欢其作品的收藏家之间直接进行交易和沟通，避免了赝品的争议，是一个具有信赖结构的系统。在制作和流通NFT美术作品的过程中，这一点成为其强烈的魅力。从小就熟悉使用的电脑和数字设备，不仅可以用于制作美术作品，还可以扩展到作品交易上，从而将美术活动的全过程数字化。

Q：目前您跟随着NFT世界怎样的趋势呢？

我不太清楚有什么趋势。

Q：对您影响最大的艺术家是哪位？

Deadmau5、DotPigeon、Coldie、安德烈斯·赖辛格（Andrés Reisinger）、纳撒尼尔·帕罗特（Nathaniel Parrott）、特雷弗·琼斯、3LAU。

Q：维持医生和艺术家的双重生活不会很辛苦吗？

作为外科医生的人生在发挥想象力和创造力方面存在很多限制。因为在治疗患者时，只允许使用通过很多研究结果得到认证的治疗方法和手术。相比之下，美术世界则是以无限的想象力和创造力为原动力，这两点也是最核心的要素。因此，作为医生的人生和作为艺术家的人生具有互补性，会带来协同效应。

Q：您是怎么制定作品价格的？

我在定价上没有特别的原则。但我会根据我所推崇的知名NFT艺术家的价值来确定价格。

Q：您使用哪个交易平台来收集NFT？

我主要访问的NFT交易平台是SuperRare和Nifty Gateway，偶尔也会访问OpenSea。

Q：收集NFT时有什么标准吗？

主要购买抽象作品。

Q：为什么要购买NFT？

我想要支持那些表现出与我的作品中看不见的世界类似的概念，将抽象世界变得可视化的艺术家的作品。

Q：您认为目前韩国NFT美术发展得如何？

虽然从2021年初开始掀起的NFT热潮导致市场过热，也出现了不少讽刺的声音，但逐渐平静下来后，完成度高的作品仍在不断发表，我是很乐观的。如果之后元宇宙与NFT作品的交易市场相结合，将会引起很强的协同效应，并使行业迅速发展。

Q：您认为之后NFT会被用来干什么？

我认为其将成为表现自身、储蓄资本及进行交换的手段。

Q：您会选择哪三个词来概括自己？

数字艺术家，神经科学家，神经外科医生。

Q：您会选择哪三个词来概括自己的艺术？

大脑映射，对现象的认知，时间与空间。

第三章　独家访谈系列 2：NFT 收藏家们
● ● ● ●

接下来，让我们来看看 NFT 收藏家 illestrater、文永勋（音译）和 Coldie 吧。他们虽然分别进行着 NFT 相关活动，但是对 NFT 市场的发展有着热切的关注和共同的目标。让我们通过他们的经验、产业知识和观点等，来找出很多人好奇的"NFT 的价值究竟是什么"的答案吧。

· illestrater：本名蒂姆·康（Tim Kang），是于 2020 年 12 月以 777 777 美元的价格购买了 Beeple 的《完整的 MF 收藏》(*The Complete MF Collection*) NFT 而成为话题的收藏家。此作品是一个包含了此前 Beeple 推出的所有 NFT 的系列 NFT。illestrater 以关注和收集新人艺术家的作品而闻名。在访谈中，他将会讲述自己收集 NFT 的理由，以及最近推出的针对 NFT 艺术家和收藏家的项目。

· 文永勋：既是韩国代表性的 NFT 收藏家，也是 Nonce 社群的联合创始人。Nonce 是韩国最大的加密社群之一，在首尔运营着一个共同生活空间，帮助人们更准确地理解区块链技术和加密货币。他将会讨论他在收集 NFT 时制定的属于他自己的作品价值评价标准和理论。

·Coldie：他是对全球 NFT 艺术活动具有最大影响力的人士中的一员，既是以自己独特的风格和稀缺性作品而闻名的元祖 NFT 艺术家，也是拥有超过 700 件个人 NFT 收藏品的收藏家。他将基于在经验中产生的洞察力，讲述自己对 NFT 的价值评价标准和方法论。

采访：illestrater

"当你面对一件艺术品时，如果你享受它的艺术性和传达的信息，并想在家里展示该作品，那么这就是其提供的本质价值。这也是我在购买作品时最看重的部分。"

这是以笔名"illestrater"而闻名的 Tim Kang 的言论。近来，NFT 世界中出现了很多新的 NFT 收藏家。他们为了个人乐趣、当作投资手段，或是为了社会地位而收集 NFT。但是对 illestrater 来说，NFT 的意义稍有不同。他把收集 NFT 本身变成了艺术的一种形态。为了在新崛起的 NFT 艺术世界中体现自己的哲学，他将自己名字的第一个字母写成了小写字母"i"，而不是大写字母"I"，试图表明这个新的世界不是关于个人，而是关于数字艺术家们的共同体。

illestrater 认为，NFT 将解决数字作品的真伪、稀缺性、所有权的问题。他还提到，除了美术市场外，还有很多地方可以利用 NFT。从某种角度来看，与其说他是单纯的 NFT 收藏家，不如说他是一个革新家。他还成立了最早的 NFT 非营利组织"Sevens

Foundation"和 NFT 交易、拍卖及社群平台"Universe.xyz"。作为收藏家,他认为自己的作用并不仅仅局限于收集作品,而是提供帮助新人 NFT 艺术家获得成功的数字工具。

2020 年 12 月 12 日,illestrater 做了一件足以载入 NFT 史册的事情。他以 777 777 美元的价格购买了 Beeple 的作品《完整的 MF 收藏》。这是另一位著名 NFT 收藏家 Metakovan 竞标价格的两倍,illestrater 强调了该作品的历史地位。

"我非常喜欢这个作品,我认为其象征着 NFT 技术开始得到广泛采用的出发点。"

历史会记住他永远储存在区块链上的竞拍成功的结果。他希望这种"故事"能够在宣传 NFT 世界时发挥重要作用。

据说,illestrater 很喜欢寻找隐藏在作品中的真正价值。因此,他尤其喜欢收集想要超越 NFT 技术局限的艺术家的作品。他从不转卖自己拥有的 NFT 作品,他认为自己的作用是 NFT 世界的时尚引领者,是制造和传播潮流的人。从 illestrater 上传到 SuperRare 上的收藏品中可以看出,其收藏以科幻、未来主义、极简主义主题的作品为主。

虽然他收集了大量 Pak、Fvckrender、Kidmograph 等世界著名NFT 艺术家的作品,但据说他真正的兴趣是发掘刚刚进入 NFT 世界的新人艺术家。他会去了解艺术家们的背景和所属的 NFT 社群,观察他们在社群内是如何表现自己以及独创性地使用 NFT 技术的。因为他相信艺术作品的价值不仅与作品本身有关,还与作者独特的故事有关联。

"讲故事对收集和购买 NFT 作品来说非常重要,这是因为艺家表现自己的方式会对作品未来的价值产生影响。"

illestrater不仅仅是NFT艺术品收藏家，他还积极帮助所有的数字艺术家在NFT艺术空间里取得成功。以下是对他的采访内容。希望你能够凭借他的洞察力和经验，制定出只属于你的NFT收集标准。另外，希望大家能去Nifty Gateway和SuperRare上查看他的收藏品，感受收集NFT作品的精髓。[1]

Q：您是怎么开始收集NFT的？

我从很久以前就开始投资加密货币。我一直认为加密货币将超越单纯的金钱概念，在更多的领域里被使用。区块链技术除了我们通常认为的提供了数字所有权、正当性、分权化等功能外，还能够提供更多的功能。

事实上，距离我第一次发现NFT交易平台SuperRare还没过去多久，那时大概是2020年10月到11月。但我一接触SuperRare，就沉迷在那个世界里，花费了很多时间去研究NFT。那时，如果看到有符合我审美的作品，我就会购买。现在回想起来，那段时间好像是确认NFT是否真的适合我的测试期。某位艺术家拥有的数字作品成为我的，直接拥有他人的数字资产，真是一件非常奇妙的事情。虽然拥有数字资产的感觉有些陌生，但其本身真的非常酷。

随着我开始收集NFT作品，在Twitter上关注我的人逐渐增加。一开始我感到很困惑。"这到底是什么情况？"但不久后我就明白了："哇，原来这就是与艺术家直接建立关系并开始对话的方

---

[1] https://niftygateway.com/profile/illestrater.
https://superrare.com/illestrater/collection.

法啊!"

Q：您认为 NFT 作品的价值来自哪里？

我也问过自己，NFT 为什么特别？ NFT 具有既不能伪造也不能复制的优点，而且还可以证明发行者是谁，我认为这一点很重要。举个例子。如果路易威登能够为新包同时发行数字认证书，确认其是真品，而且还能够证明你是该包的新所有者，就可以消除像现在这样为了确认名牌包的真伪而需要鉴定实物的麻烦。实物美术品中仿造品特别多，很多时候很难区分哪一个是真品。但是，如果拥有与实物作品相匹配的区块链上的数字认证书，就可以立即证明该作品是原件。

Q：收集 NFT 和收集实物美术品有何不同？

NFT 作品在世界任何地方都可以通过网络轻松接触。其核心技术向所有人公开，全世界任何人都能够参与 NFT 市场。这是很有意思的部分。相反，传统美术市场很多地方都被控制着，具有排他性，很难参与该市场。

Q：除了画作之外，还会收集其他的 NFT 吗？

我拥有一个加密朋克作品，是铸造号码很小的初期朋克，那是个非常棒的作品。我很幸运地有机会参加加密朋克抽签，抽中了第 109 号朋克。我还收集了 Larva Labs 的新项目 Meebits 的几个作品。Meebits 作品是 3D 形态的艺术品，可以在游戏或虚拟现实、增强现实中实际使用。NFT 拥有如此丰富的用途，也是这种资产的一大魅力吧？

Q：虽然是同一个作品，但版本号小的 NFT 比版本号大的 NFT 更有价值的原因是什么呢？

这取决于人们如何评估数字资产。有一种方法是问自己这样的问题："如果一个作品发行了100个版本，那么我收集的NFT不管是哪一个版本，我都能同样地珍惜吗？"我认为大部分收藏家都认为第一个版本确实比后面的版本更有价值。这一点在集换式卡牌等实物收藏品上也是如此。如果你拥有某种印刷品的第一版，那岂不是价值更高吗？中间的版本号码之间则并没有太大的差异。

总之，仔细想想这些版本数字的含义，还挺有趣的。例如，我拥有的加密朋克#109从技术层面来看，是储存在区块链上的第109个朋克。像这样通过版本号码推测自己目前拥有的NFT在历史上的某个时刻所扮演的角色，这是很有趣的事情。

Q：购买NFT时考虑的标准是什么？

我会考虑很多因素。在评估作品价值时，我会从长远角度看待，这与投资加密货币时采用的战略相似。我总会考虑从现在开始5到10年后，这部作品会被如何评价。当然，我也会因为想要支持某位艺术家，或者单纯因为喜欢某个作品而进行购买。在评估NFT作品的价值时，我也会与其他相似的作品的价值进行比较（与金融圈经常使用的相对价值评价是相似的方法），也即通过与其他艺术家已定价的作品进行风格和经验上的比较，来预测该作品的价格。作品的历史价值也是决定价格的重要因素。

像加密朋克和Meebits这样的收藏品，还存在着决定价格的另一个因素，那就是稀缺性和特殊性。"这件收藏品是唯一的吗？""它是否拥有其他收藏品所没有的特殊之处？"这些问题都是讨论作品本质价值的核心点。另外，如果一件作品中包含了以前从未尝试过的新方式，那么这也会成为其具有较高价值的原因。

每个作品特有的故事对我来说很特别。

Q：关于收集 NFT，有什么想要对过去的自己说的吗？

我想对过去的自己说，再对 NFT 的历史进行更深入的研究吧，继续学习一下所有 NFT 的起源吧。因为历史真的很重要。现在存在的某种价值，是通过过去的岁月积累的价值而形成的。人们倾向于重视具有历史意义的东西，并希望通过拥有它而成为历史的一部分。部分加密朋克作品的价格上升到天文数字也是出于这个原因。朋克们是基于以太坊的最初 NFT 作品之一的事实，对收藏家们来说可能是评价其价值的重要因素。

Q：NFT 艺术家有哪些标志着成功的要素呢？

为了购买 NFT 而对艺术家进行背景调查时，需要确认他是否在努力持续发展，是否愿意提供更高的价值。因为艺术家的真实性和该艺术家所表现出来的东西是非常重要的，换句话说，是决定作品未来价值的重要因素。例如，某位艺术家总是很悲观，在社群内引起争端，对其他人说消极的话，这些行动都会影响到他在社群中的声誉，当然也会影响他作品的价值。我认为作品最终就是作者自身的映射。

Q：收集 NFT 的最大危险因素是什么？

就是想要通过 NFT 在短时间内赚大钱。那种投机性想法只是一种赌博。购买 NFT 作品时，要选择真正满意的作品，因为最终你从作品中获得的价值很大一部分是来自于这种情感价值。我认为，作为收藏家，只有向其他人真心地表达和宣传自己拥有的作品，NFT 市场才能快速站稳脚跟并发展下去。

Q：艺术作品内在的本质价值对你来说意味着什么？

在收集 NFT 时，我不会想着要转卖它。因为作品中有某些特别的东西打动了我的心，所以我绝对不能放弃。如果你通过某个作品感受到了美，享受该作品传达的信息，并想在你的家中展示该作品，那么我认为这种感觉就是艺术作品的内在价值。这些都是我在购买艺术作品时会考虑的事项。我总是在收集打动我心灵的作品。

Q：作为 NFT 收藏家，您如何看待现有的各种 NFT 相关交易平台？

在 NFT 世界中，平台的作用非常大，他们展示和销售 NFT 作品的方式，可能会影响到交易作品的价格。也许是我夸大了其重要性，但每个人都有一定的偏向性。例如，SuperRare 采用选定艺术家及作品的策展方式，作为平台似乎更有分量，因此，在那里交易的作品也仿佛更具价值。当然，这也有可能只是我个人的感觉。

Q：如果想要打造属于自己的 NFT 收藏，应该从哪里开始呢？

我想这在极大程度上取决于你花费多少钱购买 NFT 作品。但首先，查看新 NFT 平台上的作品会有助于把握机会。

Q：如何维护和管理 NFT 作品的安全？

除了在 Nifty Gateway 上的 NFT 以外，我的其他 NFT 作品都只能通过我的冷钱包访问。冷钱包是想要将 NFT 传送到其他账户时，需要使用 USB 的方式，因此我可以直接管理 NFT 作品的安全。

Q：如何看待 NFT 的未来？

我认为 NFT 会更加自由地通用。并不是说艺术作品会变成免费的，而是说 NFT 将具有超越数字艺术作品的意义。可以适用

第四部分 通过名人采访评价 NFT 的价值

NFT 的领域真的有很多，例如，在《堡垒之夜》或《英雄联盟》等游戏中，游戏内的皮肤可以不储存在公司数据库中，而是制作成由用户直接拥有的 NFT 形态。通过这种方式，用户能够在其他游戏或各种网站上兼容并使用和销售该皮肤，从而扩大其作为数字资产的用途。虽然现在 NFT 的使用范围并不广泛，但今后，用户可以通过某种努力获得 NFT，可将其免费分享，或者作为演唱会等特定活动的门票使用。

如此一来，未来我们在谈论 NFT 时，就会将重点放在其效用价值上。当然，在接下来的几个月内并不会发生这么大的变化，但我认为 1 至 3 年后，我们会看到 NFT 被广泛应用于多个领域。

Q：目前有没有正在制作的 NFT 项目？

我毕业于计算机工学专业，一直想制造一种人们可以使用的工具。最近，我意识到自己可以对 NFT 的未来做出很大贡献，我更具体地思考了如何在 NFT 世界里帮助他人、构筑基础设施等问题。目前有两个与此相关的项目正在进行，我最有热情的是 Sevens Foundation。作为 NFT 赞助项目，会选定没有资金将自己的第一个作品代币化的艺术家或组织提供帮助。他们在 NFT 美术领域得到策展的机会非常不足，因此，我想构建一个可以在策展过程中给予他们帮助的平台。虽然该平台目前已有较大规模，但在 NFT 美术领域，将慈善价值放在首位，为艺术家提供策展的精神至今没有改变。

目前正在进行的第二个项目是 Universe。我是该项目的联合创始人，目前仍在思考其前景和未来前进方向。Universe 是分权化的 NFT 拍卖所，从结合了多种社会要素这一点来看，其比现有的拍卖平台更加先进。该平台通过排名表展示拍卖情况，不限制中标者为一人，因此可能会出现多名中标者，从某种角度来看，可以说是像 NFT 界的 Reddit[①] 一样的平台。由于网络上各处零星地存在有关 NFT 的各种信息和历史，很难找出准确的内容并正确地进行理解。因此，我们想为收藏家、策展人、艺术家们建立像"Reddit"或"维基百科"一样的平台，让他们带着自己的简介，在社群平台中相互记录并共享 NFT 艺术家或收藏的历史。因为我认为，为了真正实现 NFT 的大众化，需要有更多的人去了解和理解像加密朋克和 3LAU 这样具有历史意义的 NFT 项目。

采访：文永勋

Nonce 社群的联合创始人文永勋是真正实践加密生活方式的热情派。位于首尔的 Nonce 是为区块链、加密货币爱好者准备的共享房间及共同办公的空间，欢迎所有想要带着数字钱包生活在分权化未来的人。据悉，文永勋从 2017 年就开始努力在韩国社群内广泛宣传比特币和区块链技术，构建了自己梦想中的"分权化未来的五个阶段"的"大论文"。据说，各个阶段是其分别从货币性、法律及司法管辖性、金融性、社会经济性、领土性角度预测未来的结果。

他提出的分权化未来的五个阶段如下：

① 一种为不受国家影响的数字化交易而设计的货币；

② 取代现行法律体系的智能合约系统；

---

① 美国社交新闻站点。——编者注

第四部分 通过名人采访评价 NFT 的价值

③ 分散型银行系统,而不是政府主导的金融体系;

④ 非企业股东模式的分权自律组织;

⑤ 向元宇宙转换,超越国界,根据价值和理念自行形成集团。

文永勋表示,NFT 与领土观点有很深的联系。因为目前国家界限根据物理边界划分,物理上的接近性是定义社群的核心标准。在以数字为中心的元宇宙世界,定义社群的标准会发生怎样的变化,这一点也非常有趣。从这个角度出发,很多人开始讨论"文化"边界,这也是因为 NFT 是一种能够让共享特定文化的人之间形成经济共同体的技术,是一种根据文化界限区分社群的元宇宙主流技术。

那么,NFT 的价值是什么?通过购买 NFT 实际得到了什么?对于目前在网络上通过众多论坛、社群、社交群组等展开热烈讨论的这些问题,文永勋提供了简短但蕴含深意的答案。

"从某种角度来看,购买 NFT 可能只是购买了储存在区块链中的代码。"

他还补充道:"这与我们的生存没有任何关系。"正如同人们为了看起来更漂亮而使用化妆品,但这并不是为了人类的生存一样。那么,为什么人们会在不过只是区块链代码的 NFT 上花费数百万美元呢?文永勋购买 NFT 的理由是非常具有文化性且抽象的。他收集的大部分 NFT 作品都与他想记住的瞬间有着情感上的联系。

例如,文永勋在 Nifty Gateway NFT 交易平台上购买了帕丽斯·希尔顿(Paris Hilton)的 NFT 作品[1]。这幅作品以梦幻般的粉

---

[1] https://nftndx.io/token/0x22fb4e4f7fd19092eb3f2f33e14b528a94d0c408-42000020005.

红色夕阳为背景，蜂鸟展翅飞翔的画面配了这样的文字：奶奶去世前曾说过，她会回到我身边，变成蜂鸟一直陪伴着我。现在我也经常看到蜂鸟们为了吸引我的关注而倚靠在窗户上。

文永勋表示："看着这部作品不知为何就会想起奶奶。NFT能够让人联想到与如此珍贵的人之间的瞬间，还能够与没有个人交情的作品原作者共享特别的感情，所以真的很特别。"

文永勋还认为，收集NFT这种方式可以支援数字艺术家，有助于构建社群。在Foundation NFT交易平台上可以看到其庞大的NFT收藏规模，这说明了他对NFT的信任。他认为，目前大部分NFT交易平台比起收藏家，更注重向艺术家提供满意的体验，这一点令人比较惋惜。如果这些平台能够找到同时发挥社交媒体属性和作品交易平台作用的方法，那么创作者和收藏家之间的信息和情感共享就能够更加顺畅，NFT就会被更多人所接受。

以下是采访文永勋的主要内容。作为韩国具有代表性的NFT收藏家，希望大家尽情欣赏他对NFT的想法和洞察力。可以在Foundation交易平台上看到文永勋的NFT收藏品[①]。

Q：购买NFT意味着什么？

众所周知，NFT美术作品不会在现实生活中带来实际效用。因此，可以说购买NFT更接近于实现柏拉图式的理想。我至今还忘不了第一次购买NFT作品时的心情。那是帕丽斯·希尔顿的作品，虽然只是单纯地购买了数字代币，但我感觉正在和著名人士进行情感交流。我认为，NFT可以让互不相识的人之间也产生特

---

① https://foundation.app/@yhmoon514.

别的情感纽带,这一点非常有趣。

Q:收集NFT与收集传统美术市场的艺术作品有何不同?

在这一点上,NFT美术市场和传统美术市场有着根本的不同。在传统美术市场中,你作为收藏家与艺术家们的对话非常片面,大部分情况下只说几句话就结束了。对话结束后,你与艺术家之间的纽带就结束了。但是在购买NFT时,收藏家与艺术家间至少形成了10倍于传统市场的深厚和丰富的关系。根据我的经验,大部分情况下,你在购买NFT后,就会通过社交媒体收到艺术家的感谢信息,并以此为开端形成持续对话的关系。

Q:收集NFT时会问自己什么问题?

第一,最重要的是我对作品的看法和感受。客观地问自己喜欢作品的哪些部分,对哪些部分不满意,这真的很重要。

第二,该作品是否很好地体现了当下的时代精神及时代面貌。我们正生活在一个非常有趣的时间节点。这个时代正在迅速向人工智能转换,还有很多人正在努力探索宇宙,就像埃隆·马斯克所说的那样,梦想着实现人类生活"多行星化"。另外,现在也是能够通过基因编辑这类医疗技术的进步矫正我们自己的DNA的时代。这一切都是多么了不起的事情啊。因此,这一点尤为重要。

第三,这部作品能否在短时间内得到广泛关注和传播。NFT本来就是数字作品,因此任何人都可以在同等条件下不排他地对其进行欣赏,还可以尽情复制和储存。也就是说,在欣赏作品方面是完全民主的。那么,NFT的价值到底从何而来?答案或许可以从"注意力经济"中找到。环顾四周,我们可以看到,越受关注,被赋予的价值就越高。这种"病毒潜力"正是我在NFT中寻找的。

最后，创作者是否真心对待自己的作品。例如，如果作品是关于人工智能的，那么创作者是否长期以来一直通过作品关注着相关主题。这是能够确认创作者不仅仅是跟随着市场上的流行趋势，而是真心对该主题感兴趣的方法。

Q：收集 NFT 时最喜欢使用的平台是什么？

我最喜欢 Foundation 交易平台，因为这里的用户界面比其他平台更出色。另外，在 Foundation 中销售的作品质量也很高。我认为 Foundation 比 SuperRare 和 Nifty Gateway 更好。当然 Nifty Gateway 上也有很多好的作品，但大部分都是知名人士的作品，因此很难与创作者持续进行有意义的对话。与此相比，Foundation 具有可以轻易与创作者对话并形成关系纽带的优点。

Q：收集作品时，每个 NFT 平台有什么区别？

首先，平台的政策方面存在差异，最大的差异在于平台是无须许可型还是筛选型。例如，OpenSea 上虽然有很多收藏品，但可能不适合用来寻找接近纯粹美术的艺术品。如果想要寻找接近纯粹美术的作品，我会去 SuperRare 或 Foundation 上找。如果你想要购买加密朋克（顺便说一下，我也拥有 3 个朋克），那么 OpenSea 就是最合适的平台。该平台上还有 Meebits。从大的方面来说，如果收藏品是属性鲜明的作品，那么最好是查看 OpenSea 这样的开放型平台，如果想要具有纯艺术性质的 NFT 艺术作品，最好使用 Foundation 或 SuperRare。可以根据自己的需求选择各种平台使用，这样不是很好吗？

Q：NFT 艺术品和 NFT 收藏品有哪些不同之处？

嗯……有差异吗？虽然加密朋克主要被称为收藏品，但我认

第四部分 通过名人采访评价 NFT 的价值

为这也是一种艺术作品。以马塞尔·杜尚为例，他是以将男式小便池翻过来签名，并命名为"泉"，将其作品化而闻名的艺术家。我认为在此之后，推翻创作者和收藏家之间位置关系的作品便是加密朋克。一般来说，一件艺术作品要想具有价值，必须先得到特定群体的认可，但杜尚完全改变了这种权威和艺术的关系。也就是说，艺术本身并不具有价值，而是观众赋予其价值。个人利用自己的判断力来确定价值，所以即使是同一部作品，不同的人也会做出不同的判断。另外，杜尚还告诉我们，在美学层面，并不是某些艺术作品具有绝对的美，而是有些人可以从该作品中找到美，有些人却可能找不到。加密朋克也传达出与杜尚所表达的信息相似的信息，从这一点来看，其已超越了单纯的 NFT 收藏品范畴，可以看作一种新的艺术形态。因此回到本问题，我认为 NFT 艺术和 NFT 收藏品之间的界限是模糊的。

Q：收集 NFT 时需要考虑的最大危险因素是什么？

价格下跌似乎是最大的危险因素。我个人想向希望进入 NFT 收藏领域的人提议，不要购买像明星等知名人士的作品。明星们已经非常有名，是深受众人尊敬和喜爱的人。他们的这种社会地位和人气与 NFT 有什么关系呢？名人的 NFT 作品（与普通创作者的 NFT 作品相比）很容易引起大众的关注，而且大多数情况下都以高价出售，但其价格有下降较快的倾向。很多作品都只是受到大众暂时的关注，或者因为过度的关心和期待而被高估。NFT 应该是能给予你力量的存在。在收藏过程中，不要被卖家的威望或影响力所左右，而是需要好好思考，这一 NFT 是否能让你行使属于自己的力量，进而通过收藏获得更大的力量。

Q：从收藏家的观点来看，你觉得 NFT 的未来会是怎样的？

我认为 NFT 的未来取决于被称为"社交代币"的社群代币和 DAO（去中心化自治组织）。最近，有很多艺术家问我关于 NFT 销售方法的问题。我认为在宣传 NFT 作品时，合作非常重要，因此我们可能会看到越来越多的 NFT 联合投资。像火烈鸟 DAO 这样的组织是用成员们共同出资的钱，从社群层面收集 NFT 的。这些社群由成员们共同参与决策，收集作品。这是收藏家和创作者之间形成合作关系的形态。我们今后将看到越来越多的联合投资与合作。

我认为 NFT 市场今后也会继续增长。NFT 是一个新兴领域，今后还会持续出现很多目前尚未被发掘的才华横溢的艺术家。我相信，如果你花足够的时间去研究 NFT，就能找到感动你灵魂的艺术家。我会与做过一次交易的艺术家们持续进行交易，通过这种方式与他们建立深厚的关系，我感到意义重大。这种购买风格能让我在 NFT 收藏家和投资者的角色之间实现适当的均衡。我一般抱着在 1 至 3 年内转卖 NFT 作品的想法进行购买，目前拥有的几个作品的价值有望上涨 5 到 10 倍左右。

采访：Coldie

Coldie 在加密艺术中处于创作和收藏的交叉点。因为他不仅是最早期的加密艺术家之一，也是一个狂热的 NFT 收藏家。在网上可以看到很多他以艺术家的身份参与的采访，但我们想了解他作为 NFT 收藏家的偏好。Coldie 的收藏品不仅展现了他对 NFT 和艺术的喜爱，还提供了了解他在 NFT 世界具有巨大影响力的思考方

图 4-7　Coldie 的《相信你的直觉 #133》（*Trust Your Intuition #133*）

出处：作者提供

式的宝贵机会。

可以将与 Coldie 的采访核心内容整理成以下这句话：

"不完美即是完美。"

他虽然是完美主义者，但通过寻找生活中不完美的部分，他也能感受到极大的快乐，因此，他会被将这种心态具象化的美术作品所吸引。他的 NFT 收藏品乍一看似乎没有特定的主题或模式，但你如果仔细观察，就能感受到其优越性。因为他不是在收集市场上最热门的作品或容易获得利益的作品，而是以保存 NFT 历史为目的来进行收藏。加密艺术作为新的艺术体裁登场，而 Coldie 从其萌芽时期就陪伴它一起走过，他的 NFT 收藏品是加密艺术历史的生动记录。

Coldie 认为自己能够身为初创期加密艺术家之一是莫大的幸运，他总是以谦虚的态度讲述自己的经历。虽然打着"NFT 先驱者"的旗号可以享受更多福利，但他却在形成和支援 NFT 艺术家社群方面感受到了更大的意义。

"我称自己为夏尔巴人（主要生活在尼泊尔东部珠穆朗玛峰山脚下，以搬运喜马拉雅登山队的行李和作为向导而闻名），起到把人们送到山顶的作用。我认为用我已经知道的东西帮助别人更容易地登上顶峰，在 NFT 世界帮助更多人取得成功，是我所能做的最起码的事情。"

在谈到加密艺术初创时期的故事时，从他的声音中可以感受到无尽的感慨。

"几年前，我的作品还只能卖出 100 美元的价格。没有人关心我的创作。但通过这个过程，我与世界各国的加密艺术家们结下了宝贵的缘分，如马特·凯恩、罗比·巴拉、Xcopy、Hackatao 等。我们这些来自世界各地的艺术家，期盼着能够找到共享我们想法的出口。"

Coldie 很重视因加密艺术而建立的许多关系。这对他作为 NFT 收藏家评价作品也有很大的影响。Coldie 将 NFT 收集与加利福尼亚的淘金热相提并论。

"就是为了寻找黄金碎片，用筛子过滤几个小时，直到找到感觉像金雕像的作品为止。"

对他来说，金雕像就意味着他所喜爱的东西。就像我们采访的所有收藏家一样，他也表示最先收集自己喜爱的作品非常重要。但是他也尊重 NFT 世界的原理，有时带着投资者的心态，有时带着收藏家的心态在工作。作为投资者，Coldie 表示："购买美术品是对艺术家未来的投资。"因此，他会寻找积极利用技术开拓新领域的艺术家。作为收藏家，Coldie 的角色是与艺术家共舞。越是和艺术家一起宣传作品，相关作品对其他收藏家来说就越有魅力。

"积累对 NFT 作品的理解，知道自己想要什么样的作品，是收藏家自己的责任。对了，有些人认为投资 NFT 为时已晚，但事实并非如此，所以不用担心，因为这个市场还非常年轻。"

Coldie 认为，自己作为艺术家和收藏家能够成功，很大一部分都源于直觉。所以他信任自己，投资自己。因为只要有正确的思维方式、价值观和目的，任何人都能在 NFT 世界中取得成功。他建议收藏家们调查艺术家的履历时扪心自问："如果艺术家的作品价格是'0'，他们还愿意将该作品挂在墙上展示吗？"另外，他在对艺术家们强调耐心的同时，还主张要了解自己的价值。

"我把自己制作的 NFT 作品一直默默地保存了两年，最终以 50 倍的价格卖掉了。这是因为我在那段时间里投资了自己，我也知道自己的价值，所以才有可能实现。当时我对收藏家们说我的作品值 5 以太币，而不是 1 以太币，但是没有人理解我。直到我投资自己，让我的价值超过 5 以太币。"

Coldie 表示，他希望其他艺术家也能牢记这一重要事实。

以下是 Coldie 接受采访的主要内容。在 SuperRare 中可以了解更多关于 Coldie 的作品和收藏品的详细信息[1]。如果想了解他的全

---

[1] https://superrare.com/coldie.

部收藏品，可以在"Showtime"中查看他的主页[1]。NFT和加密艺术空间还有很多隐藏的宝石。像Coldie一样不断前进，享受发现属于自己的钻石的过程不是很好吗？

Q：您是如何向NFT艺术领域转变的？

我一直在创作艺术作品，这也是我唯一想做的事情。但是，我不确定艺术活动能否给我带来足够的金钱收入。虽然我对只靠画家这一职业，仅仅凭借卖作品赚钱没有信心，但努力工作后，有了愿意购买我的作品的收藏家，我也积累了很多经验。我认为，既然已经进入了加密世界，就应该更加充满干劲地挑战NFT。因为如果不把我的人生奉献给这里，我可能会后悔一辈子。

Q：平时您好像经常讨论音乐的话题，音乐对您的创作过程有什么影响吗？

我从小就听摇滚乐，尤其喜欢20世纪90年代的垃圾摇滚（Grunge，另类摇滚乐的一种类型）。我很喜欢听该领域的领军人物涅槃乐队（Nirvana）、Pearl Jam（珍珠果酱）、声音花园乐队（Soundgarden）的音乐，当然我也听古典乐。我也喜欢父母学生时代听过的平克·弗洛伊德（Pink Floyd）、齐柏林飞艇（Led Zeppelin）等乐队的音乐。但我并不只听热门歌曲，特别是在这些艺术家的歌曲中，我也会找被"淘汰"的部分来听，思考是哪里出了问题，仔细分析他们试错的过程。艺术家们有什么样的想法？他们是如何赋予作品生命的？如果和其一起呼吸，跟着这个过程

---

[1] https://tryshowtime.com/Coldie.

走，你就会更理解他们。经过这样的过程后，重新再听完成的作品时，才能较为全面地理解好的创意是如何被制作为成品的。

从我想做好一切这一点来看，我是完美主义者。但在创作过程中，必然会有要对自己说"这样就可以了，现在跳过吧"，并跳到下一个部分的情况。事实上，人生可以只创作一首歌，也可以创作成百上千首歌。在创作数百首歌的同时，也能够知道自己在做什么，自己是怎样的存在。

Q：您是如何决定将什么样的艺术作品制作成 NFT 的？

创作者是一辈子都要创作点什么东西的人，而且创作者创作的每一个作品都会对下一个作品产生影响。我代币化的作品有 120 个左右，如果把这些作品按创作的顺序罗列出来，就能马上知道每个作品对下一个作品产生了怎样的影响。这就是随着时间的流逝欣赏作品的力量。当我创作第 1 个作品时，我就知道还有很多需要改进的地方。当完成第 100 个作品时，我知道是因为之前的 99 个作品，才能让我在未来一点一点地制作出更好的作品。

因为我并不完全了解自己想要做什么，所以我想持续创作作品，看到自己不断进步的样子。在创作新作品时，我从未完全满足于该作品。但是因为我知道能够通过创作不断发展自己，所以满足于制作新作品这一过程本身。我知道我作为艺术家还有很长的路要走，这一事实也给了我很大的力量。因为我坚信人生中最棒的作品还没有诞生。

Q：您的很多作品都是用 stereoscopics 3D 来表现的，您是如何以这种方式创作艺术作品的呢？

对于这个问题的答案，我只需要讲一个故事，是关于我创作的一个作品的故事。当我开始从事艺术活动时，我迷上了stereoscopics。stereoscopics 是一种使 2D 图像看起来像 3D 的表现手法。最近可以利用 3D 眼镜等，为图像增添立体感。但在我成长的时期还没有虚拟现实，这是因为无法用 3D 来表现事物，因此我真的很喜欢 stereoscopics。我小时候被三维魔景机（View-Master）迷住了。虽然它长得像双筒望远镜，但其实是一种可以插入照片的胶片幻灯片机器，通过三维魔景机看照片的话，2D 的照片看起来也像是 3D 的。我 8 岁的时候玩过那个东西，每次看就会瞬间移动到一些我人生中从未 3D 体验过的地方，例如西藏。当时感受到的刺激感，从某种角度来看，似乎是一切的开始。这种经验对我的作品也产生了影响，成为我"戴着" 3D 眼镜进行艺术创作的背景。

在我还是学生的时候，有一位老师教了我"图像转移"这一奇怪的手法。打印一张纸后，在上面涂上类似黏合剂的东西，然后把它贴在画布上，画就会原封不动地转移过去，真是一种非常特别的技法。那是我知道的唯一能把数字化美术作品搬到画布上的方法，真的非常神奇，令人着迷。然而，要想把数字美术作品像真的一样搬上画纸，需要 60 至 100 个小时的超长时间，极难做到。但是，长时间感受印刷纸张和画布的质感，细致地处理薄层黏合剂，这样的工作就像冥想一样美好。经过这样的过程，得到第一幅完整的作品时的喜悦感非常特别。虽然已经不知道当时的我是如何成功制作作品的，但我确实成功了。那时，好像整个宇宙都在对我说："你就应该做这些。"

Q：您是如何决定收藏怎样的艺术品的？

我曾住在洛杉矶，上的是美术学校，毕业后在一家名为《洛杉矶周刊》（*LA Weekly*）的大型报社就职，为每周会向10万人发放的报纸设计封面。现在回想起来，我就是个刚毕业的小孩，正好从事了"90年代"的工作。那是没有多大意义的事情。但是住在洛杉矶给我带来了体验多种经历的机会，所以似乎是在适当的时期处在了适当的地点。在公司的关怀下，我去了很多美术展览会，迷上了洛杉矶文化。虽然经常去逛美术展，但是我却没钱买作品。我在那些展览会中转来转去，假装成能买得起所有自己想要的东西的人，就这样培养了对艺术的眼光。利用这样开发出来的艺术审美，我开始收集起"废品艺术"作品。

Q：请讲一下在加密空间里展开的"废品艺术"运动，以及它对您作为收藏家产生了怎样的影响。

我购买了许多艺术品，出售艺术品时的部分收入也用于购买其他艺术家的NFT作品。因为我是真的很爱加密艺术，我陷入了NFT的世界，所以想要帮助在这个领域里工作的人们。但我购买部分作品时似乎没有什么想法，只是点击了一两次鼠标。可能是因为我的传统艺术家背景，我感觉自己好像被骗了，因为我一直相信所有的艺术家都会销售自己努力工作的成果。因此我在Twitter上对此表示不满，还闹得沸沸扬扬。然后在某个瞬间，我后退一步，环顾四周，直到那时我才明白"废品艺术"运动的意义。这些都是向社会传达强烈信息的作品，可以说与"瞬间艺术"是相似的类型。

在废品艺术中，过程并不重要，但结果如何却非常重要。我摆脱了之前对艺术作品的判断框架，开始将其视为历史的一部分，我很快意识到废品艺术是一场规模庞大的社会运动。虽然它与我一直以来作为艺术家所从事的艺术截然相反，但我明白了废品艺术在形成加密艺术文化方面起到了非常大的作用。Robness、马克斯·奥西里斯还有 Bruce the Goose 等艺术家以先锋派的方式开拓了无人能理解，只属于他们自己的领域。我也逐渐理解了他们的世界观，最终完全沉浸在这个世界里，然后开始收集废品艺术作品。

当时谁也不想要这样的作品。实际上，到目前为止，废品艺术也并不是一个很能吸引人关注的领域。但是我认为，很多人很快就会了解这种新的流派在加密艺术历史上是多么重要的部分。从整个加密艺术历史来看，我很遗憾自己错过了很多优秀的初期作品。

Q：从一开始收藏艺术品到现在，您学到了哪些重要的教训？

我很重视购买 NFT 时，对作品瞬间的感受。因此，除非强烈地感觉到"就是这个了！"，否则我不会购买。偶尔我会浏览自己的 NFT 收藏品，并不是为了某种虚荣心或自我满足而做出这样的行动，而是每次浏览都能感受到我对所有作品的喜爱，真的，是每一件作品。

我认为这是以正确的方法收集作品的收藏家的必备条件。很多人都有一个基本原则，就是收藏那些即使作品的金钱价值消失，也想要收集并继续拥有的作品。我也完全同意这个意见，绝对不能只为了盈利而进行收藏活动。特别是如果纯粹将收集 NFT 作品作为投资手段，将会是非常危险的投资方法。

第四部分 通过名人采访评价 NFT 的价值

Q：您在多个 NFT 交易平台收藏了 700 个以上的 NFT，您是如何管理它们的？

这确实是很辛苦的事情。但最近出现了名为"Showtime"的 NFT 专用社交网站，并连接了数字钱包，所以我第一次能够在一个地方看到我所有的 NFT。我在 SuperRare、KnownOrigin、MakersPlace 购买并保管着 NFT 作品，在 Showtime 问世前，我必须分别进入各个交易平台才能看到我的收藏品。得益于 Showtime，我可以将分散在多个交易平台上的收藏品集中在一起欣赏，并更好地掌握我的藏品的整体方向。不错的 NFT 平台不断出现，比如基于 Tezos[①] 区块链的 "Hic et nunc" NFT 交易平台（hic et nunc 在拉丁语中意为"此时此地"）。我希望更多的艺术家和收藏家都能知道 NFT 交易平台正在持续进化。现在，重要的不是你是否在 SuperRare 里拥有作品，毕竟艺术才是主角。

Q：作为收藏家，您是否转售过购买的 NFT 作品？如果有的话，通过这个过程您学到了什么？

因为有很多人希望购买我所拥有的作品，所以经常出现这种情况。我们是收藏家，所以即使是再怎么喜爱的作品，也有需要出售的时候，哪怕是为了 NFT 社群。回想起来，我已经卖掉了相当多如果一直拥有到现在，价值会上升很多的作品。马克斯·奥西里斯的作品就是一个很好的例子。那可能是他最好的作品之一了。一位收藏家告诉我，他真的很想买那幅作品。虽然我并不想卖，但看到那位收藏家的热情，我相信他肯定会好好对待那幅作

---

① 一个智能合约区块链，其特点是自我修复区块链的链上治理。——编者注

品，所以最终将所有权转让给了那位收藏家。当时的这笔交易对原作者也有帮助，通过我在市场上再次销售，收藏家们看到了该艺术家的作品有多大的价值。实际上，我一把作品卖给新的购买者，马克斯之前卖不出去的其他作品就被抢购一空，这可能是因为他的作品以不错的价格转售的消息传开了。如果我们紧紧抓住自己所拥有的作品，永远不拿出来销售的话，就无法推动加密艺术和 NFT 艺术市场的发展。从某种意义上说，我们都搭上了同一条船。我很高兴自己能在某个地方帮助其他人发展。说实话，比起填满自己的口袋，那么做会更幸福。

Q：您的艺商这些年是如何发展起来的？您是怎么知道艺术里什么是讨厌的东西？

这是个很好的问题。我欣赏艺术的方式是去感受作品的原作者，即艺术家的灵魂。如果他没有试图传达某种故事，也就是说，他如果不能从自己身上掏出点什么来，我是没法和他的作品进行交流的。我认为收集作品是和艺术家建立联系，所以我想知道创作者想要表达什么。没有故事并不一定是错的，但至少我作为收藏家，希望通过自己购买的作品感受到有意义的东西，想和作品产生感情上的联系。这就是隐藏在作品中的故事的价值所在。

例如，艺术家 Osinachi 在非洲生活，从他的作品中可以清晰地看出生活的曲折。他毫不隐瞒。当艺术家不躲在作品后面，而是"真实"地呈现自己时，观众也会在情感上感受到赤裸裸的冲击。当有人向你坦白自己的故事时，你应该也有过说出自己的弱点或想要隐藏的部分的体验吧？我认为，只有艺术家和观众之间像这样进行深入交流时，"艺术"才得以实践。

创作者 Fewocious 也是一个在与观众充分交流方面的好例子。通过他的艺术，可以完全体会出他过着并不容易的生活。从他的作品中可以感受到他的痛苦和各种各样的感情，通过这种坦率的对话，观众能够了解到他是一个真正的艺术家。作为收藏家，购买某位艺术家的作品是投资他的生活，也是投资他的想法。我当然是因为喜欢 Fewocious，所以在投资他的作品，但同时也是因为我很期待他能继续活跃下去，创造出有价值的艺术，所以也投资了他的未来。这些可以说是我收集作品的方式和理由。

Q：如何看待 NFT 领域的未来？

首先，回顾 NFT 的历史非常重要。我们现在有了通过 NFT 从数字艺术上获利的方法，这是过去无法想象的事情。随着数字作品的代币化，数字原件和稀缺性的价值得到了证明。

但是，目前还只是开始阶段。有一个东西没有多少人提到，那就是关于版权费的问题。我认为讨论版权费非常重要。作为 NFT 艺术家，每当我的作品被再次销售时，我就可以永远收取转售手续费的这一事实十分有趣。一般来说，每次 NFT 被转售时，创作者都会永久收取约 10% 的版权费，可以说其威力非常巨大。

想想毕加索吧。他的作品在世界性拍卖行售出天价，但他的家族却几乎一分钱也收不到。我认为 NFT 的版权费系统会给艺术行业带来革命，这种结构不仅能给予创作者力量，而且还能使其家族世世代代获利。在我去世 100 年后，我的曾孙辈、曾曾曾孙辈会说："Coldie 爷爷当时做了什么，让我们现在也能赚钱呢？"现在，我们不仅要谈论以多少钱出售作品，还要谈论随着这部作品的再次销售，从长远来看会带来怎样的价值。理解和普及该结构是 NFT 前进的下一个阶段。

另外，我们今后需要考虑的是"为了进一步发展艺术，应该如何使用代币"。因为将图像代币化后进行交易并不是我们的终点站。如果你是艺术家，我希望你能思考一下，自己能够做些什么来给收藏家带去更高的价值。

如果我作为一个艺术家，而不是收藏家，为了感谢购买作品的收藏家，我会准备虚拟现实 NFT 送给他们。通过将 NFT 直接传送到收藏家的数字钱包的方式，可以比较容易地向他们表示感谢。你可以用到多种技术来维持与支持你和你的艺术的收藏家之间的关系。

谁也不知道未来 1 年后或 5 年后会发生什么事情。但是，各种技术将不断被开发出来，我们作为艺术家，会通过多种尝试，努力让人们用新的方式与我们的艺术作品进行沟通。例如，在 Async Art 中，你可以拥有一个艺术作品的很多"图层"，也可以随时随地更换拥有的"图层"。这是一种新的艺术体验。我认为，这些新的尝试将超越单纯通过图片或影像文件所进行的创作，引领我们进入新的创意领域。

等一下，请不要误会。我不是说这种形态的作品不好。但如果人们可以通过作品和其他人建立关系，根据自己的喜好选择图层和各种选项，NFT 艺术世界就会焕然一新。我很期待充满活力的 NFT 世界的未来，而且一想到自己即将成为其中的一部分，就感到非常兴奋。

PART 5

第五部分
NFT 市场的现状与未来

第一章　NFT 带来的市场机遇

• • • •

在前几部分中，我们了解了 NFT 的各种应用案例。我们经常能通过新闻或报纸接触到有关 NFT 的消息。2021 年 7 月，有报道称，JYP 娱乐公司[①]投资了运营数字资产交易所"UPbit[②]"的公司 Dunamu，来推进与 NFT 相关的事业。另外，作曲家兼制作人金亨锡（音译）运营的 NONUNI 突击队娱乐公司，将与区块链积分平台"MIL·K"携手，投身于 NFT 及元宇宙事业。

2021 年初，与 NFT 相关的大部分新闻内容都是 NFT 艺术作品以天文数字般的价格进行交易，但能够感受到，最近新闻的性质有所变化。

之前也提到过，NFT 不仅可以将美术作品、音乐及收藏品代币化后进行销售，还可以适用于其他各个方面。通过华丽的数字作品接触到的 NFT 技术背后，有着我们意想不到的广阔世界。在 NFT 这个概念刚刚被引进的现阶段，很难准确预测今后 NFT 将

[①] 从事唱片制作、艺人经济的韩国娱乐公司，韩国三大娱乐公司之一。——编者注
[②] 韩国最大的加密货币交易所。——编者注

如何改变我们的生活。但是，如果理解了其技术能力及意义，就能想象到 NFT 在日常生活中的很多应用场景。当然，也有人主张 NFT 只是一时的流行，从现在开始会逐渐萎靡。

NFT 在未来会如何改变我们的生活，提供怎样的机会呢？

为了回答这个问题，有必要考虑以 NFT 为基础的区块链技术本来的意义。区块链最根本的原理，以及支撑这一原理的哲学是"去中心化"。

正如这本书的很多部分所言，到目前为止，我们依靠中央集权机关或组织，来判断各种社会经济规则、决策及分配。这些主体包括铸造货币、制定各种经济政策的政府，以各种名义从艺术家或音乐主播那里收取手续费的唱片公司及流媒体服务公司，拥有并控制游戏中使用的角色和道具的游戏制作公司，全权负责各种金融交易、在各种金融交易中设定复杂的行政程序和高手续费的银行，还有对我们上传到社交平台的所有照片和文章具有实际控制权限的社交媒体公司等。

至今为止，这些主体为了让我们能够进行各种经济、社会活动，制定了一定的规则，以提供相关的平台为由，从我们手中夺走了各种（有时是不合理的）报酬。现在，不再依靠这类中央集权组织，而是像实际制作和使用某种商品或内容的创作者或消费者那样，直接参与生产和消费的主体才应该站在中心位置，这就是去中心化的哲学基础。根植于这种哲学的区块链和以此为基础的 NFT 有望给社会带来以下变化。

实际主体拥有控制权

NFT使得中央集权组织及机关无法规定交易实际主体所拥有资产的定义及目的，使NFT化的资产的表达和意义更加清晰。光听这句话，也许很难理解是什么意思。以游戏道具来举个例子吧。

迄今为止，所谓游戏道具只是游戏公司制作的，且只能在游戏内使用的虚拟道具，游戏玩家实际上不能主张其所有权，其与个人的现实生活也完全没有联系。但是，NFT形式的游戏道具具有与此完全不同的属性。储存在区块链中的NFT游戏道具可以由用户直接拥有并控制，且并没有规定该道具只能在一个平台上使用。我们现在所适应的模式，一直是先制作应用程序（平台、游戏等），之后用户和内容跟随着该应用程序。但是，在NFT的加持下，是首先存在用户和内容（例如，游戏道具），重视该内容的所有权，然后利用该内容的空间即可逐步跟上，即用户和内容先行，兼容的各种应用程序后行的时代即将到来。

内容在哪些应用程序中可以兼容变得自由起来，这一点就是被称为NFT的重要特性之一的互操作性。这个属性使得NFT资产的价值和意义更加明晰，赋予NFT所有者更大的权限，将其拉到了社会经济体系的中心。例如，假设我拥有一个在某网络游戏中使用的马匹道具，如果我以NFT形式持有该产品，我就随时可以卖给别人。不仅如此，在兼容NFT的各种数字世界，无论是我主要使用这匹马的线上游戏还是其他网络游戏，无论是在Decentraland等元宇宙空间，还是在承认我的NFT所有权的完全不同性质的空间里，都可以使用这匹马。此时，这一马匹道具的属性（长相、颜色、速度等）被记录在区块链上，无论在哪里使用该马匹，都能表现出其固有的特性。也许不仅在数字世界，在现实世界中也可以通过增强现实的形式见到我的马。我通过拥有NFT形式的该道具，拥有了对其的绝对控制权，可以通过多种方式进行享受。

今后，将现实世界中存在的物品进行NFT化持有的趋势将比现在更加普遍，因此，像数字财产一样，NFT所表现的现实对象的特性将更加明确，持有这些物品的人将拥有更多的权限。虽然已经司空见惯，但我还是以发行NFT形式的演唱会门票为例。在拥有中央集权权限的机构控制演唱会门票销售、流通、分配的当下，将本人持有的门票出售或转让给他人大体上是不可能的，即使有可能，也要经历相当麻烦的过程。但如果以NFT形式持有门票会怎么样呢？NFT形式的门票可以提高潜在购买者的接近便利性，通过交易平台可以将其轻易销售给其他人，而且作为礼物转让也会变得更容易。另外，根据情况，该资产完全可以用于其他用途，例如，作为金融交易的担保使用，或者在元宇宙中进行某种活动时作为奖品使用。

当然，刚才所说的内容是如果拥有NFT门票，现在就可以做到。但今后，将这种现实世界中的东西进行NFT化的事情会更加普遍，因此，NFT化对象的使用范围将进一步扩大，拥有该对象的人的权限也将进一步得到提升。

创作者的权限将得到提升

随着区块链及NFT技术加速社会经济去中心化，创作者的权限将进一步得到提升。正如前面所说，目前，即使是知名音乐艺术家，在掌握着音乐市场的唱片公司及流媒体公司的影响下，其决策权和金钱收入也受到了很大的侵害。NFT不经过这种传统的中央集权组织或机关就能够销售艺术家的专辑或歌曲，而且还通过社交代币等方式，让创作者拥有更高的权限，与粉丝们形成更直接、更有意义的关系。

与此同时，NFT还存在进一步强化创作者权利和力量的另一个革新性功能，即创作者在发行NFT的同时，可以永久地获得转售交易的版权费。乍一看，这可能不是什么了不起的技术，因为每当NFT形式的某种商品卖给新买家时，就让创作者赚取其销售价格一定比例的手续费，在技术上听起来并不难实现。但事实果真如此吗？

实际上，为了让转售的版权费永久自动结算，对某些商品签订技术性合同是非常困难的。因为持续追踪在某个时间点，谁拥有该商品十分困难，而且持续掌握其是否发生转售也很不容易。即使通过某种算法，限定在特定平台上交易相关作品，并设定对转售版权费进行自动结算，能保证10年后或20年后，相关平台不会倒闭吗？另外，即使相关平台永久存在，该平台是否可以保证不遗漏地永久记录和保管所有商品的交易金额，以及是否进行了交易呢？以区块链技术为基础的NFT可以完全地解决这些问题，因此很多专家表示，这对给予创作者力量来说是一种革新。

亿万富翁马克·库班（Mark Cuban）因在美国电视节目《创智赢家》（Shark Tank）中作为评估新商业创意的投资评估家而广为人知。他在一次采访中说，自己出于兴趣客串出演了多部电视剧和电影，因此获得的关于版权费请求权的信件在自己的办公室里堆积如山。例如，他收到了一封信，信中说电影《明星伙伴》（*Entourage*）在韩国流媒体上播放，他可以申请1美元50美分左右的版权费。但每次看到这些信时，他都会感觉到版权费的追踪和管理是多么低效（顺便一提，他打算收集这些版权费请求权信件，签名后出售，并捐出其收益）。接着，他说明了NFT能够自动结算转售版权费是多么激动人心的事情，并举出了能够适用这种系统的重要例子。

"能够适用转售版权费的地方是无穷无尽的。我来举个美国教科书市场的例子吧。因为美国的教科书贵得离谱，所以在大学里，很多学生都是在没有教科书的状况下听课的。如果将教科书制作成电子书进行再次销售，并让出版社永久收取手续费呢？如果这样做，出版社就可以大幅降低教科书的价格，也可以解决学生们没有教科书的问题。对再次销售的版权费进行自动结算，让原创作者一生都能获利，这真的是革命性的事情，有很多领域都能够适用。"

去中心化可以让创作者直接与消费者进行交易，可以永久获取转售版权费，通过社交代币与粉丝进行自由而有意义的交流，减少传统上引领多个产业的公司、组织、机关及政府的权力，并将力量赋予创作者。这种趋势随着NFT的普及已经开始了，预计今后会进一步加速。

可进行去中心化交易

这将使消费者能够在新的领域进行去中心化的交易。如果要选出一个这种现象出现得最明显的地方，那就是去中心化金融

（以区块链技术为基础的去中心化的金融系统）领域。事实上，比特币第一次出现时，很多人认为这是对现有金融体制的挑战。因此，区块链为某种信念奠定了基础，即个人可以通过去中心化取代对今天的金融体系具有绝对影响力的商业银行和投资银行。最近，通过NFT普及去中心化金融的举动，也许是个人想要具现这种哲学的愿望的表现。例如，让我们考虑一下在银行以自己的资产为担保获得贷款时的情况。为此，需要经过银行的各种行政程序，为了确保银行的存贷利差，必须按照银行要求的利率进行，银行审查贷款申请人的信用度也需要相当长的时间。有人可能不愿意为了信用度审查而提供自己的信息，如果NFT广泛普及，这种金融交易将会如何变化？

如前所述，数字资产和现货资产的NFT化将加速，因此NFT像一般资产一样进行交易的时代即将到来。这种以NFT为担保获得贷款的金融服务目前已经存在，预计今后该市场将继续增长。与商业银行进行交易的情况不同，通过去中心化网络，可以立即实现以NFT为担保获得贷款的交易，且无须暴露自己的身份，因为所有程序都是根据区块链记录的智能合约执行的。这种利用NFT的个人间点对点NFT金融交易已经非常活跃。例如，以1个或多个NFT作品作为担保，借入相应资金的金融服务已经被广泛使用。

另外，未来将NFT资产分为一定数量的可替代代币（ERC-20）的"NFT分割"将更加普遍，这在过去是需要通过支付高手续费给投资银行来完成，而且只能以公司、房地产或金融合同等特定种类的资产及所有权为对象的事情。为什么要分割NFT呢？这与公司上市后将股票对外出售是相似的原理,下面将以分割NFT美术作品出售给多人的情况为例。

第一,分割可以将非流动资产变为流动资产。一般来说,NFT作品越贵,潜在买家就越少,而潜在买家越少,以原价出售某种物品就需要花费更多时间。如果将NFT进行分割,可以吸引更多潜在买家,NFT作品的所有者通过销售分割后的代币,可以更快地将本人拥有的作品兑换成现金。

第二,如果进行分割,代币交易就会更加频繁,可以较为准确地确认市场公允价值。一般来说,如果分割NFT,代表该作品的代币数量就会增加,单一代币的价格就会下降。这样就能吸引更多的潜在买家,潜在买家越多,交易发生的频率就会越高。购买者每次购买分割后的代币时,该NFT作品的整体价格就会更新,这与在传统股市买卖股票时,对应企业的市价总额就会更新的原理相似。

第三,分割NFT可以让更多人对该NFT作品产生兴趣。因为将NFT分为多块,就有更多的人能够拥有该NFT,那么该NFT自然会吸引更多人的关注,这意味着对NFT作品价值的社会认同,成为NFT价格上涨的动因。

要想实现这种去中心化的交易,需要代币持有者之间的主动决策执行体系,而未来,这一治理角色很有可能由被称为DAO的"去中心化自治组织"来承担。DAO就像一个会呼吸的生命体,可能为了做出某种决策而只存在几分钟,也可能是永久存在的形态,参与决策的对象有可能对拥有特定代币的所有人开放,也有可能带有一定的排他性。关于DAO的内容,请在本部分第四章"代币经济时代"中更详细地了解吧。

成为一个透明可靠的社会

NFT将打造比现在更加透明、相互信任的社会。加密货币刚登场时，很多人担心其很有可能被用于恐怖集团、毒品交易、色情行业等社会黑暗面，最终会阻碍社会的透明性。虽然这种争议尚未完全平息，但当区块链技术与NFT接轨时，两者很有可能使社会比现在更加透明，相互之间能够更加信任。

例如，任何人都可以通过电脑欣赏Beeple的美术作品，也可以将其储存在自己的平板电脑或手机上，你有没有想过可能会出现Beeple的仿制品NFT呢？你是否可以仿照他的作品进行作画，谎称是Beeple的作品并将其NFT化后销售，或者将Beeple亲自画的画储存在自己的电脑上，将其代币化后销售呢？答案是否定的。因为从现实角度来看，这不可能实现。区块链中储存了过去所有交易及创作的信息。该作品是谁，在何时创作的，什么时候、以何种价格卖给了谁等全部信息，都被记录和储存起来，因此很容易知道该作品是不是真品。这与现有的需要很长时间来鉴别伪造品，而且其准确性未必能得到保证的美术作品鉴别系统非常不同。

任何人都无法改变区块链上记录的内容，以及通过该区块链生成的智能合约的内容。正是因为其遵循去中心化的系统，所以政府、庞大的社交网络公司或任何有能力的黑客都无法改变。这个记录分散在全世界数不清的分类账簿上。还存在比这更透明、更准确、更可证明地记录和管理所有信息或合同内容的系统吗？今后，各种各样的NFT将以多种方式进行交易，成为交易对象的这些NFT具有比任何种类的交易都更高的可信度，因此能够打造出更加透明、相互信任的社会，这不是非常激动人心的事情吗？

更进一步说，区块链和NFT将消除交易中的歧视。区块链的特点是可以记录过去、现在、未来的所有交易。利用这一特性，今后即使不公开个人信息，也可以评价个人的信用度。因此，专家们认为，在去中心化金融领域，即使不一定要以NFT为担保，也可以在商业银行不参与的情况下，立即进行信用去中心化金融贷款交易。

此时，贷款人的出身、学历、背景、人种及年龄等要素并不会影响信用评价。目前，世界上围绕着是否存在对少数者的系统性歧视这一政治焦点问题形成了尖锐的对立，并导致社会的分裂。区块链和NFT是不是可以在提高社会透明度方面更进一步，成为解决这种社会问题的对策呢？

NFT才刚刚开始为世人所了解。虽然无法准确预测我们的日常生活会因为NFT而发生怎样的变化，但是我们可以通过这些预测社会的未来。基于去中心化而被制作出的NFT，脱离了以往规定社会经济规则和价值体系的现有组织的影响范围被使用后，会发生以下变化：第一，NFT商品的价值和特性将会更加明显；第二，在各种决策和经济分配中，创作者和消费者将得到更大的力量和权利；第三，我们之前没有想象过的领域也会实现去中心化的交易；第四，更加透明、更值得信赖的未来社会会悄悄靠近我们的身边。

第二章　NFT 的薄弱点及市场风险
● ● ● ●

你应该还记得 NFT 是由固有标识符、元数据、数字内容这三个要素构成的。很多人以为这三个构成要素都储存在区块链上，但实际上，目前大多数 NFT 是部分中心化的，这被认为是 NFT 的重大弱点。主流 NFT 交易平台都包含了中心化的要素。将大容量数据上传到以太坊等区块链上，会产生相当高的时间成本和手续费，因此大部分情况下是将 NFT 固有标识符本身储存在区块链上，但与之相关联的元数据和媒体文件（数字内容）则储存在链下。

此时，如果你拥有的 NFT 的一部分被存储在中心化的服务器中，就会存在风险。如果运营服务器的公司倒闭，服务器也随之消失，那么虽然 NFT 的固有标识符仍（且永远）存在于区块链上，但其真正指向的内容本身却永远地消失了。这显然是非常可惜的情况，也使得区块链所承诺的永久性和不变性约等于无效。目前有很多专家正为了解决 NFT 的储存问题而努力。Arweave 等去中心化数据存储协议和星际文件系统这样的点对点文件储存系统作为替代方案登场，让越来越多的 NFT 关联内容也以去中心化的方式储存。

除了NFT存储问题外，用户体验也需要改善。由于NFT是刚刚获得爆发性人气的新生市场，所以包括代币标准在内的相关基础设施也正在迅速进化，因此到目前为止，还有相当一部分内容需要改善。OpenSea、Nifty Gateway、SuperRare、Rarible、KnownOrigin等NFT交易平台算是相对比较年轻的平台。他们仅以有限的人力和资产运营着，考虑到NFT正与多种产业相配合，以非常快的速度共同进化着，这种资源不足很可能会成为严重阻碍平台发展的因素。

由于这些平台无法完全跟上市场的发展速度，因此，把焦点放在某些特定功能的缝隙市场平台不断产生，结果导致NFT生态系统（和所有新生市场一样）支离破碎。当然，短期内，这种平台的多方扩散和激增是值得欢迎的事情，但从中长期来看，应当有整合各项功能的平台出现，从而提供更加顺畅、效率更高的用户体验，这也是维持市场持续增长所必需的。

同时，在内容创作者与其NFT匹配的过程中也发现了薄弱点。OpenSea和Rarible等无须许可型NFT交易平台的设置是任何人都可以轻松上传文件并生成NFT。因此，在此过程中，可能有人在没有得到许可的情况下，就将别人的文件进行铸造，并获得经济利益。为了解决这些问题，Nifty Gateway、SuperRare、KnownOrigin等审核型NFT交易平台会亲自筛选可以在自己的平台上传作品的艺术家，并追加审核他们是否真的是作品的创作者。

但是，引入这种"审核"流程后引发的问题是（说得稍微极端一点）专门从事技术的平台相关人士直接参与了对艺术作品和创作者的评价。当然，艺术的趣味就在于任何人都可以自由地欣赏，并赋予自己的意义来进行评价。但如果平台以专业艺术评价团自居，那么这就是一个很严重的问题了。虽然有几个审核型 NFT 交易平台引进了将审核流程去中心化的方法，但在运营层面，目前大部分交易平台比起代表群众的心理或智慧，更多的是反映了中央集权化的专家集团的主观决策。标榜去中心化的 NFT，与大众见面的过程却表现出了并不太去中心化的本质弱点。

伴随着 NFT 市场的风险：环境问题与法律争议

威胁 NFT 市场的风险可以分为环境问题和法律争议两方面。首先来看一下环境问题，人们对 NFT 的关注度在 2021 年初爆发性地增长，创造了无数可能性，此时此刻也在将力量回馈给无数创作者。但在 NFT 的这种积极的波及效果背后，存在着二氧化碳排放的环境问题，因此环保主义者们已经开始限制 NFT 的碳足迹。

2021 年 3 月，名为 "ArtStation[①]" 的人气线上平台在发布了增加 NFT 功能的公告后，仅几个小时内就取消了上线计划。有人认为 ArtStation 为了赶上这波 NFT 潮流，会使得环境恶化，此事也因此在社交媒体上受到了强烈指责。事实上，与 NFT 密切相关的区块链对能源使用的争议并不新鲜，很多人认为 NFT 的人气加重了环境污染的危害。NFT 真的在危害地球的健康吗？

能源使用问题并不局限于 NFT 本身，而是区块链所带来的问题，因此，根据区块链的运营方式不同，其严重性也有所不同。

---

① 集游戏、影视、媒体、娱乐等行业为一体的视觉艺术网站。——编者注

如今，大部分NFT都是在以太坊区块链上铸造的，而NFT每次发行或销售的过程，即将新的交易明细记录在区块链上的过程需要大量能量。以2021年的数据为基准计算，在以太坊区块链上记录交易会使电脑消耗高达48kWh的能量。这相当于一个家庭一天消耗的能源，是绝对不能忽视的环境成本。

考虑到这种情况，以太坊区块链记录交易的方式面临着巨大变化。用区块链语言来说，以太坊的"共识协议"将从现有的"工作量证明"模式转换为"权益证明"模式，将以太坊区块链的能源使用量减少99.95%。在此之前，想以更环保的方法发行NFT并进行交易的创作者们可以选择以太坊以外的Solana[①]、Tezos、NEAR[②]等消耗能源较少的区块链。当然，以太坊区块链上也有暂时性的解决方案，例如Polygon[③]或Abitrum[④]等Layer2[⑤]解决方案。得益于这种扩散到全世界的问题意识，针对环境污染的多种解决方案得以面向大众提供，现在，轮到我们更加"智能"地享受NFT了。

与环境问题同样重要的焦点问题就是NFT相关的法律争议。NFT目前还是一种新技术，是一个正在崛起的市场，因此有很多没有明确规定的法律条款。首先是"所有权"的争论点。关于所有权，虽然NFT所有权转移合同或交易平台在使用条款上对其有明确（但是用非常小的字体）的说明，但事实上，好好阅读了这些

[①] 一个提供全局可用的时钟，实现超高速交易和极其低廉的交易成本的区块链。——编者注
[②] 一个利用分片技术，可延展、低成本的区块链。——编者注
[③] 一种创建与以太坊兼容的区块链网络和扩展解决方案的框架。——编者注
[④] 以太坊扩展解决方案之一。——编者注
[⑤] 为提升以太坊网络性能的整体解决方案。——编者注

内容的人并不多。

再者，也有交易平台并没有在使用条款中对所有权进行完整的说明，或是说明得很简略，因此，销售者和购买者之间也会产生意想不到的法律争议。虽然很少有人知道，但如果仔细阅读照片墙等平台的使用条款，就会发现用户在上传内容时，就需要与平台共享包括该内容收益化权利在内的所有类别的所有权。此外，这些平台以帮助用户推广内容的名义，拿走了很大一部分通过该内容获得的广告收益。当然，与这些平台相比，NFT交易平台收取的手续费要少得多。但问题在于，通过他们销售的内容一同售出了哪些权利，很多时候并不确定。

一般来说，对NFT的所有权和以NFT形式存在的创作品，即对资产的著作权有着本质上的区别。除非合同或使用条款中有明确规定，否则所有权转移后，创作物（资产）的著作权仍归原作者所有。不知道这些差异的NFT购买者面临着购买与自己期待中完全不同的东西的风险。著作权中各个管辖权的内容也都存在差异，因此普通NFT购买者很难准确理解自己购买了什么，以及购买的NFT可以用来做什么。

与著作权相关的最广泛通用的体系《美国版权法》承认著作权所有者拥有以下5项权利：

① 作品的复制权。
② 以作品为基础的二次创作权。
③ 向公众流通和分发作品的权利。
④ 公开表演作品的权利。
⑤ 公开展示作品的权利。

目前（除非合同或使用条款中另有明确规定），里面的每一条都不适用于NFT购买者。但我很期待未来引进更加细分的交易系统，使这些权利本身分别代币化，在全世界自由市场进行交易。例如，即使你不拥有Beeple的作品，但如果你想要拥有在世界各地以商业用途展示他的作品的权利，会怎么样呢？

NFT的法律地位还有很多不明确的地方。考虑到NFT既是新技术，又是爆发性的市场，所以这一点并不令人惊讶。笔者希望围绕NFT的法律争论焦点能随着时间的推移得到明确解决，让更多的人充分利用和享受NFT的潜力。

专 栏
NFT 相关法律争议的问答

郑素英[①]（音译）

Young International 律师事务所代表，司法研修院 42 期韩国/英国律师

随着 NFT 交易的活跃，与 NFT 相关的纷争频繁发生。因此，对相关法律争论点的关注也逐渐增加。利用 NFT 技术交易的资产除了美术品外，还有收藏品、游戏等多种资产，根据其资产类型，相应的法律争论点和适用的法理也会有所不同。

最引人注目的类型应该还是 NFT 化后高价销售的美术作品。韩国的金焕基、朴寿根、李仲燮（音译）等代表韩国近现代美术史的巨匠们的作品将作为 NFT 作品销售的消息也成为话题。然而，主张

---

① 毕业于高丽大学法学院，在司法研修院 42 期结业的韩国律师，曾在韩国大型律师事务所负责国际仲裁、企业咨询及诉讼等业务，具有丰富的实务经验。拥有英国伦敦政治经济学院法学硕士学位，并取得英国律师资格。作为相关领域的开拓者兼专家，以韩国法律和外国法律及案例的分析为基础，完成关于 NFT 作品展览、NFT 相关著作权及所有权问题的咨询，以及基于区块链的有附加条件的股权收购合同投资咨询等众多相关业务。（官网：www.younglaw.co.kr，邮箱地址：syjeong@younglaw.co.kr）——作者注

是相关作品"所有者"的人想要将其NFT化进行拍卖，但作品的"著作权人"以不同意作品NFT化等理由提出异议后，拍卖最终告吹。下面，我们来看一下成为热门话题的NFT美术作品相关的法律争论点。

美术作品的所有权与使用权

为了理解与NFT美术作品相关的法律争论点，首先需要理解美术作品的"著作权"和"所有权"的概念。对美术作品来说，所有权和著作权是完全不同的两种权利。有的人将使用作品的独家权利称为"知识产权"，并解释为某种所有权。但严格来说，所有权是一种只对物品成立的权利。与此相反，著作权是指作家创作的知识产物，即对其无形利益的排他性、垄断性的权利。

根据韩国现行著作权法，著作权大致分为"著作人身权"和"著作财产权"。著作人身权包括发表权、署名权、保护作品完整权。著作财产权包括复制权、表演权、公共传播权、展览权、发行权、出租权、改编权。其中，著作财产权可以全部或部分转让，但著作人身权仅为作者本人所有，不可转让。我们通常所说的转让著作权，就是指转让著作财产权。属于文艺、学术、艺术范围的创作品将被著作权所保护，而这个范围之外的作品可以通过著作权以外的专利权、实用新型专利权、设计权、商标权等其他知识产权来进行保护。

NFT美术作品也适用于同样的法理。作者完成本人的作品并使之成为NFT时，在交易之前，作者同时拥有NFT作品的著作权和所有权。

交易 NFT 作品时所有权与著作权的归属

对购买 NFT 作品的人来说，支付了买卖价款，就可以认为是获得了对作品的所有权和著作权等其他所有权利。但是，如果签订买卖合同时没有转让著作权的条款，那么买方就只取得 NFT 作品的所有权，著作权仍留在创作者处。关于这一点，创作者在部分交易平台中进行交易时可以选择不仅仅向买家转让所有权，同时也转让著作权。如果决定同时转让著作财产权，可以将所有权和著作财产权都转让给买方。只不过需要注意的是，根据现行著作权法，即使将著作权转让给了买方，如果没有进行著作权变更的登记，也不能用于对抗第三方。以下将讨论没有著作财产权转让协议的一般情况。

NFT 作品的所有权而非著作权可以行使的权力范围

买方可以取得自己购买的 NFT 美术作品的所有权。买方可以重新出售该所有权，也可以作为礼物赠送，或者用于担保。但是，即使买方取得所有权，著作权却仍属于创作者，因此法律对买方行使所有权是有限制的。如前文所述，作品复制、表演、传播、展览的权利也包括在著作权中，因此，原则上买方不能在没有著作权人许可的情况下行使这部分权利。也就是说，如果严格追究，买方将自己购买的美术作品上传到社交媒体上，就可能会侵犯著作权（复制权）。

但是，著作权法为了不让购买者的所有权受到过分的限制，做出了一定的规定。特别是关于展览权，著作权法规定，美术作品原件的所有者不需要征求著作权人的同意，就可以展览此原件，从而保护了所有者的展览权。但要注意的是，在对公众开放的场所持续展示的情况除外。此外，创作者在作品出售后仍享有对作品的发表权（决定是否公开作品的权利），如果买方想要公开作品，可以认为是创作者同意原作品以展览方式进行发表。

除此之外，著作权法还规定了对著作财产权的限制。在具备一定条件的情况下，无须经著作权人的许可，就可以使用作品。例如，符合条件的教育机构以授课为目的使用已发表的作品的行为（韩国著作权法第 25 条）；在新闻报道的正当范围内使用在时事报道过程中看到或听到的作品的行为（韩国著作权法第 26 条）；不以营利为目的，个人使用或在家庭及相应的有限范围内使用而复制作品的行为（韩国著作权法第 29 条）；不与作品的通常使用方法相冲突、不会损害著作权人正当利益的情况（韩国著作权法第 35 条第 5 点）等。当然，在实际案例中，作品使用者是否具备适用这些著作权法规定的条件，需要根据具体事件进行分析。

作者将实物作品 NFT 化后，以 NFT 作品出售的情况下，实物作品的处理方式

如果创作者在制作实物作品后将其 NFT 化，那么"实物作品"和"NFT 作品"可能会同时存在。若此时创作者与买方缔结了"NFT 作品"的交易，那么现存的实物作品所有权在谁手中呢？该如何处理实物作品，就会成为一个问题。

如果创作者和买方之间签订的合同中有关于实物作品如何处置的条款，基本上就应该遵从条款。但如果两方没有就如何处理实物作品达成协议，那么实物作品所有权的归属可能会引发争议。到目前为止的讨论中，一般认为 NFT 作品是实物作品的二次创造，即使交易 NFT 作品，实物作品的所有权也仍留在创作者手中。但由于没有法律的规定，很难草率地做出判断。

在实际交易中，根据实物作品的大小及所处位置、买方倾向等，创作者和买方在签订合同时通过协议条款对实物作品进行不同的处置。有的买方想要同时拥有 NFT 作品和实物作品，但也有人因为保管实物作品的场所不合适或配送费过高，只想单独购买 NFT 作品。有的买方甚至不关心实物作品的存在，甚至也有讨厌实物作品单独存在，希望只留下 NFT 作品，将实物作品"销毁"的事例。

购买通过链接与 NFT 相连接的作品后发行链接消失的问题

很多 NFT 作品是在 NFT 上上传作品本身，但只在 NFT 上登记链接，通过该链接连接储存于其他地方的作品的情况也十分频繁。如果通过链接连接的作品因其托管服务器故障等问题被删除，NFT 可能会成为废物。在这种情况下，作为买方可能很难找到法律应对方案。因此，部分创作者利用"去中心化分散型储存文件系统"储存作品等方式，采取了防止发生问题的措施。

作品著作权人之外的其他人没有经过著作权人同意就将作品 NFT 化进行交易的情况

与作品没有任何关系的第三方未经著作权人许可，将实物作品 NFT 化进行交易的事例已经屡见不鲜。如前所述，NFT 作品可以看作实物作品的二次创作，因此实物作品的著作权人将二次创作制作权转让给第三者或赋予权限时，第三者可以根据该权限将作品 NFT 化。但是，如果在没有任何权限的情况下，将他人的实物作品 NFT 化，就会有侵害著作权的问题。

如果发生这种情况，著作权人首先可以考虑向相关交易平台申报著作权受到侵害。部分交易平台通过用户条款规定了申报著作权受到侵害的方法，如果接到正式申报，将审查删除相关作品或停止向侵权

第五部分 NFT 市场的现状与未来

用户提供服务。著作权人还可以以侵害著作权为由，向卖方提出请求禁止侵害的诉讼等。请求禁止侵害的诉讼可由创作者或所有者中拥有著作权的人提出，如果创作者没有将著作权转让给所有者，则可以提起诉讼。

购买实物作品的所有者在没有得到著作权人许可的情况下，将作品 NFT 化进行交易的事例也经常出现。如前文所述，美术作品的所有权和著作权是单独存在的，因此，即使是实物作品的所有者，要想将作品 NFT 化后进行销售，也必须从著作权人那里获得 NFT 化所需的著作权，或获得著作权人对 NFT 化的许可。即使所有者在取得著作权后将作品 NFT 化，如果将不是创作者的其他人登记为原作者，对著作人身权（署名权）的侵害也会成为问题。

创作者在公司工作期间制作的作品，或该作品中出现的角色未经公司许可就 NFT 化的事例同样层出不穷。例如，DC 漫画公司向其雇佣的自由撰稿人发出警告，禁止销售基于 DC 漫画角色的 NFT。在公司、团体以及其他用户的企划下，从事公司业务的人员在业务上制作的作品为"业务著作物"（韩国著作权法第 2 条第 31 点），在合同或工作规定中未规定其他事项时，以公司等名义公布的业务著作物，由公司等作为著作人（韩国著作权法第 9 条）。如果单纯地抱着"因为是我创作的角色，所以属于我"的想法进行 NFT 化，很可能会卷入纷争。

即使买方从没有著作权的卖方处购买了 NFT 作品，但如果其相信卖方有正当权利而购买，则买方没有故意侵犯著作权，因此可以不承担责任。但交易平台可能会采取删除 NFT 作品等措施，这种情况下，购买者可能需要向卖方要求赔偿损失。

由于 NFT 作品的交易是在交易平台进行的，因此对于交易中发生的部分问题，可以以交易平台为对象提出赔偿损失等请求。但是，大部分交易平台通过用户条款规定了交易平台仅仅是一个平台，不是交易的当事人，对于销售的作品的所有权及著作权等的确认，由用户自行负责，因此很难向交易平台要求补偿。而且，用户条款中规定，用户向交易平台提出补偿要求时，不能向法院提起诉讼，而需要走仲裁程序等，对用户行使裁判请求权也施加了限制。

将公版的实物作品 NFT 化进行交易的情况

因超过著作权保护期限等原因而没有著作权的作品，或是韩国著作权法规定的公共著作（第 24 条第 2 点），可以不经著作权人的许可而使用。所有权在物品存续的情况下，不会受到时效的限制，相反，根据韩国现行著作权法，著作权从作品发表时开始，在作者在世期间和死亡后 70 年内得到保护。而将得不到著作权法保护的著作视为"无主公产"，将其 NFT 化销售的事例，最近也在增加。实际上，在欧洲，将博物馆方放弃著作权的作品进行 NFT 化交易的情况也有发生。虽然不能认为这是对实物作品作者著作权的侵害，但很难确定没有发生法律纷争的可能性。

除了前面所看到的问题之外，还发生过买方以错误或欺诈等为由，希望取消 NFT 作品买卖合同的情况，将 NFT 作品视为著名创作者的作品购买但实际属于赝品的情况，交易平台遭到黑客攻击的情况等各种问题。NFT 作品的交易是一个全新的领域，不论在国内还是在国外，相关法律或判例都尚未确定，因此很难说已经有了正确答案。因此，如果认为自己的权利受到了侵害，或受到不当的损失，完全有争辩的可能性。为了防止问题的发生，最重要的是在进行 NFT 作品交易之前，应采取仔细查看交易平台用户条款或征求专家意见等防护措施。

第三章　代币以及社群代币
● ● ● ●

代币不仅仅指货币，而是指元宇宙中存在的各种数字对象的一个整体范畴。也就是说，代币是形成虚拟世界的最基本构成要素，就像是这个世界的原子一般。因此，如果仅仅将代币局限地认为是加密货币，我们就不能完全看到代币身上无限的可能性与潜力。虽然代币有很多类别，但此处我们就来谈谈与NFT一样，虽然最具代表性，但我们对其理解并不够的"加密货币"与"加密商品"。

有人指出，有着最久历史、最广为人知的比特币作为一种通用货币存在很多问题。这种说法是对的。就像可以批判战斗时使用的坦克不能像赛车那样快速行驶一样，人们也可以批判利用比特币进行的交易比现金交易还要慢；正如可以批评黄金价格的变动幅度比美元或韩币大一样，人们也可以批评比特币的价格比美元或韩币还要不稳定。但在这里，需要知道的是，比特币并不是从一开始就是为了快速结算或维持稳定的价格而诞生的，反而是为了发挥黄金等"商品"的作用而设计的。如果说其与黄金的区别，那就是比特币是存在于虚拟世界中的，即比特币是一种"数字黄金"。因此，比起加密货币，用加密商品来形容比特币更加贴切。2021年，比特币的日均交易量为500亿美元左右。

有一些其他的加密货币代币可以像美元或韩元这样，价格变动幅度小，交易迅速，在众多商店使用。比如TerraUSD，USD Coin，Tether，TerraKRW，DAI，RAI等。为了明确这种概念上的差异，这样比较稳定的加密货币被称作"稳定币"（实际上，最近在区块链社群中，像加密货币这样的词都用得很少了）。稳定币是指价格稳定，结算时间短，可使用商店较多的代币。

稳定币的历史还不长，像星巴克这样的主流品牌最近才开始接受其作为一种结算方式，但在元宇宙中，这就是另一个故事了。稳定币在其中被广泛使用于各个地方，是一种重要的结算方式。2021年，全球范围内交易的稳定币体量达到了日均1000亿美元，令人十分震惊。特别是2021年5月20日，一天就有超过3000亿美元的稳定币交易，能够感觉到其处于现在进行时的威力。

总结一下，虽然加密货币和加密商品都可以被称为代币，但代币是远比这两者要更广泛的概念。正如前文所说，代币是元宇宙中不可或缺的原子一般的存在。这也是为什么以固有性与稀缺性武装起来的NFT在元宇宙中的活跃更加令人期待。

社群代币

讨论代币，自然不能略过最近最热门的"社群代币"。这种代币也被称作"社交代币"，顾名思义，就是一种在社群内发行，根据社群成员的贡献度而自动进行分配的代币。持有社群代币就可以拥有参与社群内主要决策的投票权，因此可以对社群成员的贡献起到激励作用。通过这样的良性循环，社群就拥有了成长的原动力。如果说 NFT 是让一个粉丝拥有对数字资产的所有权，那么社群代币的概念就是让众多粉丝共同拥有一个社群。与 NFT 不同，社群代币的优点是可替代，必要时还可以进行拆分。

社群代币可以解决以下问题：

① 新诞生的社群集结初期成员时很难迅速增加人数。

② 社群内用户（成员）与社群持有人相悖的激励措施使成员们的参与度较为低迷。

③ 是不能轻易得到广告收益的组织结构。

④ 当使用的平台突然改变政策，或是要对成员和内容进行审查时，会面临束手无策的境地。

⑤ 归属于平台的资产（例如：不仅是游戏道具，还有在相应平台积累的信用、口碑或是高质量的帖子）无法拿到另一个平台使用。

⑥ 社群的相对价值（例如：与其他类似的社群相比）难以测算。

针对这些问题，社群代币提出了以下解决方案：

① 初期持有代币的人承担社群传道士的角色。

② 将社群成员从单纯的自愿参与者变为社群的主人。

③ 能够从社群层面提供的各种服务（例如：某种经验或是报酬）与创收的一个环节相联系，通过广告及赞助，增加社群创造与获得收益的途径。

④ 将兴趣低迷的社群成员变为积极分子。

⑤成员及社群都能够简单快捷地将自己的资产（例如：文字、声望以及过往事迹等）转移到平台外。

⑥成为衡量社群内在价值如何变化的一种工具。

在加密世界深处孕育出的社群代币正在主流区块链社会中逐渐崭露头角，寻找与基于区块链的各种项目之间的交点，例如与名为 DAO 的去中心化自治组织间的配合就特别好。下一章中会详细写到的 DAO 是基于互联网的组织，成员们通过社群代币共同拥有对组织的所有权，共同进行管理。在创造价值与消费的过程中，人们比起为了自身而行动，更多的是与大家一起努力。

第四章 代币经济时代
••••

如今，代币正在向我们打开新的机会平台。如果说过去很多人关注的焦点都是加密货币，那么人们现在更多的是关注通过区块链实现的代币的潜力。"代币经济"被设计成了在基于区块链的Web3.0生态系统中，参与者们通过代币这一媒介，能够获得与贡献相当的报酬，能够透明地交易价值。如果用一句话来总结代币经济，就是形成区块链生态系统的无数个人的决定与相互作用，其集团性特征所决定的复合体系。个人与组织创造、分配、扩张新的方式，每一个瞬间都决定了这一体系的特征模式，这个属性随着时间而变化，赋予代币经济存在主义的意义。这就是它的定义。

DAO
举例说明一下对代币经济起到中枢性作用的 DAO 吧。意味着"去中心化自治组织"的 DAO 是在没有特定的中央集权主题干涉下，即没有阶层的结构性管理，通过计算机代码和程序就能自体运行的自治组织。也就是说，DAO是无须信赖也可以进行协作的运营系统。DAO社群成员通过投资DAO，能够拥有作为投票权的各个社群的代币，由此影响组织治理与运营的方式。DAO内的决策通过持有代币的社群成员的自主提案与少数服从多数的投票来决定，其流程非常简单。

如果有人在DAO网站或是论坛中提出了新提案，那么剩余的社群成员将通过投票来决定是否接受该提案。提案类型可以是将DAO的资产用于特定的营销目的、与其他社群的代币进行交换或是投资DAO社群成员的事业等，具有多样性。提案类型也包括改变投票流程自身。例如，以少数服从多数需要50%的人同意，或是举个非常极端的例子，只需要5%的人同意即可。像这样，任何一个社群成员都可以通过代币自由地提出针对DAO的未来的提案，其未来不是由一个人，而是由成员们不断相互作用，逐渐形成雏型并持续变化着。

几分钟内就可以形成和消失的DAO目前在全球范围内有数百个。有趣的是，其中大多数都是在2021年上半年诞生的。果然，NFT的热度很高。这些DAO超越国界，管理着数百亿美元的资产。2021年7月，DAO持有的资产超过了100亿美元，令人震惊。以社群代币和DAO为首的代币经济不知不觉已来到我们身边。在此，我会介绍四种DAO。

赠款型DAO

这是最早期的去中心化自治组织案例之一。社群成员通过以太币这样的代币向DAO基于互联网的银行账号（即以太坊地址）按自身意愿捐赠一定的金额，DAO再向这些成员分配社群代币。

正常来说，捐赠金额高的人会分配到更多的社群代币。他们通过这些社群代币决定 DAO 的资产之后作为赠款被使用到何处。赠款型 DAO 的优点是可以通过社群项目迅速地寻找慈善机构、非政府组织及政府这样的传统资助机构未关注之处，并给予资助。

协议治理型 DAO

其重点是通过代币将控制权从设立者手中分散到用户手中。具有代表性的例子是以太坊构建的去中心化交易所协议 Uniswap。Uniswap 是不需要中介就可以进行交易的自动化流动性协议。与 Bithumb 和币安这类交易所不同，Uniswap 中通过代币交易赚取的手续费会与社群成员分享。社群成员可以决定交易所的手续费，也拥有对该协议的某个部分进行决策的投票权。

投资型 DAO

此类 DAO 被设计为由社群成员一起决定该 DAO 持有的资产要投资到什么项目上。从这一点来看，可以说 DAO 和风投公司的运营方式很类似。著名的投资型 DAO 有 Metacartel Ventures DAO[1]。投资型 DAO 的社群规模一般较小，社群成员将一起投票决定是否接纳新的成员。成员可以选择随时离开 DAO，这一点与风投公司就差异巨大了。

收藏型 DAO

此类 DAO 随着 NFT 的人气在全球范围内上升，及个人 NFT 收藏家的数量增加而产生。其采用聚集一群人共同出资给 DAO，并用此资金购买 NFT 的方式运作。虽然大部分的收藏型 DAO 成

---

[1] 由 Metacartel 社区创建的营利性 DAO，目的是对早期去中心化应用程序进行投资。——编者注

立时间都非常短，但截至 2021 年 8 月，已经有数百万美元资金用于收集 NFT。其中最著名的收藏型 DAO 是 Pleasr DAO，其以收集代表着社群、自由、分权化等互联网文化的 NFT 美术作品而闻名。Pleasr DAO 收集的 NFT 作品有爱德华·斯诺登（Edward Snowden）的《保持自由》（*Stay Free*），Tor 项目（the Tor Project）的《黄昏之梦》（*Dreaming at Dusk*）等，这些作品表现了人类基本人权与互联网隐私保护相关的重要瞬间。

事实上，现存的大部分 DAO 都同时拥有两种及以上的类型特征。但对不同类型 DAO 的分类为我们在元宇宙中接触到它们时能够准确理解提供了基本的心智模型，因此是十分有用的。

让我们将目前为止介绍的 DAO 按照时间顺利整理一下。首先登场的是赠款型 DAO，此时社群成员间还不能交易社群代币。此后，出现了以决定社群代币的发行与分配为核心的投资型 DAO。与之相反，比起代币的发行与分配，更加关注投资的 DAO 将社群代币用在何处、被怎样使用的投资型 DAO 也诞生了。除此之外，还产生了拥有各种各样特征的 DAO，最新诞生的（也是最令人激动的）DAO 之一是植根于 NFT 世界的收藏型 DAO。收藏型 DAO 的活跃究竟会给 NFT 市场带来怎样的变化，令人十分期待。

向着代币经济航行

代币以各种各样的形式促进 Web3.0 的具体实现。互联网的产生带来了巨大的变化。从 20 世纪 90 年代到 21 世纪初的 Web1.0 将焦点放在了通过网站创造和普及"信息"上。开始于 2000 年代中期的 Web2.0 在 Web1.0 中添加了社会性要素。脸谱网、微信、照片墙等众多数字社群支持着用户间活跃的社会互动。开始于2020年后的Web3.0在现有的基于信息及社会的互联网上添加了个人可持有的金融要素，宣告了一个华丽时代的开幕。以区块链这一公共总账为基础，新分权化技术应运而生，从而重新定义了个人价值创造、分配、扩大的方法。另外，通过代币，不知名的多数群众变成了分享目标和理想的共同体，这让我们开始思考，如何在无定型和定型的界限上生产并分享更有意义的价值。

面对"代币经济"这一强劲浪潮，世界正在发生变化。你现在航行到哪里了呢？

Original Title: NFT 레블루션
NFT REVOLUTION by Sorah Seong, Rolf Lorenz Hoefer, Scott McLaughlin
Copyright©2021 Sorah Seong, Rolf Lorenz Hoefer, Scott McLaughlin
All rights reserved.
Original Korean edition published by Gilbut Publishing Co., Ltd., Seoul, Korea
Simplified Chinese Translation Copyright©2023 by China South Booky Culture Media Co., Ltd.
This Simplified Chinese Language edition published by arranged with Gilbut Publishing Co., Ltd.through Eric Yang Agency

No part of this publication may be reproduced, stored in a retrieval system, or transmitted by any means, electronic, mechanical, photocopying, recording or otherwise, without the prior permission of the copyright holder.

© 中南博集天卷文化传媒有限公司。本书版权受法律保护。未经权利人许可，任何人不得以任何方式使用本书包括正文、插图、封面、版式等任何部分内容，违者将受到法律制裁。

著作权合同登记号：图字 18-2023-071

图书在版编目（CIP）数据

NFT 革命 /（韩）成素罗，（美）罗尔夫·霍弗，（美）斯科特·麦克劳克林著；简宁馨译 . -- 长沙：湖南文艺出版社，2023.5
 ISBN 978-7-5726-0052-4

Ⅰ. ①N… Ⅱ. ①成… ②罗… ③斯… ④简… Ⅲ. ①信息经济 Ⅳ. ① F49

中国国家版本馆 CIP 数据核字（2023）第 042075 号

上架建议：经管·科技·畅销

NFT GEMING
NFT 革命

著　　者：	[韩]成素罗　[美]罗尔夫·霍弗　[美]斯科特·麦克劳克林
译　　者：	简宁馨
责任编辑：	吕苗莉
监　　制：	董晓磊
特约策划：	公瑞凝
特约编辑：	公瑞凝
营销编辑：	张　烁
版权支持：	金　哲
版式设计：	李　洁
封面设计：	小　象
内文排版：	百朗文化
出　　版：	湖南文艺出版社
	（长沙市雨花区东二环一段 508 号　邮编：410014）
网　　址：	www.hnwy.net
印　　刷：	三河市中晟雅豪印务有限公司
经　　销：	新华书店
开　　本：	875 mm × 1230 mm　1/32
字　　数：	186 千字
印　　张：	7.75
版　　次：	2023 年 5 月第 1 版
印　　次：	2023 年 5 月第 1 次印刷
书　　号：	ISBN 978-7-5726-0052-4
定　　价：	56.00 元

若有质量问题，请致电质量监督电话：010-59096394
团购电话：010-59320018